株式投資は
自動注文《オートトレード》で
もっとラクになる!

松村博史

ダイヤモンド社

はじめに

あらゆるものが「自動化」する時代、投資に何が起こる？

クルマの自動運転に象徴されるように、世の中に「自動化」の流れが押し寄せています。もちろん、これはクルマに限った話ではなく、家のなかを見回しても、ロボット掃除機や材料を入れるだけで調理してくれる時短家電などがいくつもある時代です。これまで手作業で行っていたありとあらゆる仕事を、ロボットやコンピューターが代行するようになりつつあります。

これらはすべて、人間の手間や面倒、ケアレスミスをテクノロジーで解決するといった考え方に基づいています。そして当然ながら、この流れは近い将来、投資の世界にも到達すると私は確信しています。それもクルマの自動運転より早い時期にです。本書は、その時代の到来に備えて、個人投資家の皆さんに知っておいてほしい「オートトレード(自動注文あるいは自動売買)」の知識をまとめたものです。

投資の世界、特に個人投資の世界にはいまだにアナログな部分が多く残っています。「えっ、コンピューターシステムが導入され、投資家はオンラインで証券会社にアクセスして取引する時代なのに?」と疑問に思った人もいるかもしれません。確かに、システム面のデジタル化は進んでいます。しかしながら、肝心の取引自体、つまり買いや売りの注文を出す作業は、投資家が手で入力する必要があります。売買の注文という投資における最重要のポイントについては、取引所の立会場で手サインや肉声によって注文を出していた時代とさほど変わっていないのです。

その象徴的な例が、2005年12月に起こった「ジェイコム株大量誤発注事件」です。当時かなり話題になったので、ご記憶の人も多いでしょう。あの事件は、証券会社の担当者が「61万円1株売り」とすべき注文を「1円61万株売り」と誤入力してしまったことで起きました。その結果、その証券会社は巨額の損失を被ったといわれます。あれからすでに10年以上がたちますが、取引自体が手動で行われる状況は今も続いています。

逆に言えば、取引が自動化されることこそ、投資の世界の自動化の本丸なのです。

実は、すでに機関投資家の取引では自動化が進んでいます。そしてこれからは、一般投資家の取引も自動化がスタンダードになっていくことでしょう。それを実現する仕組みが、本書の主題である「オートトレード」です。

オートトレードは、投資に必要な銘柄選定や売買といった、手間を削減してくれるツールであり、また、投資で最も厄介な、人間の心理的バイアス（偏向）を軽減させてくれるツールでもあります。投資における面倒事を自分の代わりに担当してくれる「秘書」のような存在と言っていいでしょう。

読者の皆さんは、オートトレードと聞いて何を思い浮かべたでしょうか？　実のところ、「オートトレードとは何か」という問いに対して、明確に説明した書籍や資料がほとんど存在しないのが現状です。少なくとも日本では、オートトレードの実体を正確に把握している人はほとんどいないのではないでしょうか。そのぼんやりとした認識が、オートトレードがラクに儲けられるツールである、専業投資家や機関投資家だけが使える特別なツールであるといった誤解を生む一因にもなっています。

そこで私は、個人投資家やその予備軍に向けて、オートトレードとは何かをわかりやすく整理し、どのような投資スタイルの人に向いているのかについて1冊の本にまとめることにしました。

本書を通じてオートトレードに関する誤解を解き、個人投資家でも気軽に使えるツールであることを伝えようと思ったのは、先達としての責任感からです。私は2006年に、株・FX（外国為替証拠金取引）・日経225のオートトレード関連システム専業のシステム開発会社を立ち上げました。以来10年間で、オートトレードの裾野は徐々に広がってきてはいるものの、まだまだ普及したとは言い難い状況です。

現在の日本でオートトレードが利用されているのは主にFXで、それもリテラシー（活用能力）が高いごく一部の層に限られています。株のオートトレードに至っては、扱っているのは弊社を含め数社のみという状況です。しかし、本書が多くの投資家の人々に読まれることによってオートトレードの正しい知識が浸透し、オートトレードを使った投資が広まれば、日本の投資は変わります。

なぜ、そこまで言い切れるのか？　それは私の実体験からきています。私は、オートトレードの会社を立ち上げる前は、脱サラをしてサーバーの構築・保守、管理の会社を運営していました。その頃、将来への不安もあり、いわば保険として株取引を始めることにしたのです。

しかし、実際に取引を始めると、銘柄選定に時間は取られるし、値動きと売買のタイミングが気になり、本業がおろそかになるという本末転倒の事態も増えてきました。「自分が決めたルールで自動的に売買ができたら、手間が減ってラクなのに」という願望が生じたのは当然の成り行きと言えます。その気持ちが高じて、自らオートトレードのシステムを開発し、結果として会社を立ち上げることにしました。つまり、オートトレードの必要性とその価値を、私自身が身をもって体験してきたのです。

では、オートトレードを使うことによって、私は何を得ることができたか。端的に言えば、時間の余裕と精神の安定です。詳しくは本編で述べますが、オートトレードを始めることで、投資に対する関わり方は確実に変わります。もちろん、使いこなすには、ある程度の勉強とコツも必要です。しかし、少しでも投資の経験がある人ならば、さして難しいことではありません。投資の手間を省きたいと考えている個人投資家であれば、試す価値は大いにあると断言できます。

では、オートトレードに向き・不向きはあるでしょうか？　基本的には、どの投資スタイルにも対応するのがオートトレードの利点なのですが、私はあえて、投資資金が少なく、将来不安も大きい現役世代に使ってほしいと考えています。

元手が多ければ、安定株を長期保有するという従来の方法で資産を形成することも可能でしょう。しかし、そうでなければ、ある程度取引の回数を増やして、小さい利益をコツコツと積み重ねていくというやり方になるでしょう。オートトレードは、手間をかけずに数多くの取引を可能にする仕組みですから、元手が少なく、かつ日々の生活が忙しく取引に時間を割くのが難しい人にこそお勧めできると思います。

本書に出会ったことをきっかけに、皆さんがオートトレードを正しく理解し、投資での成功に役立ててもらえれば、これ以上の喜びはありません。

もくじ

第2章 オートトレード最大のメリットは時間の節約

第3章 オートトレードが必要不可欠になる時代

第4章 今すぐ始められるオートトレード

第5章 オートトレードの未来

本書に記載しているフィンテックなどのデジタル技術関連の説明は、２０１７年10月時点の情報を基にしています。

第1章

オートトレードとは何か
その始まりと現在

オートトレードを正しく理解する

オートトレードは投資の世界の「自動運転」？

「オートトレード」を日本語に直訳すると「自動売買」になります。読者の皆さんは、この言葉を聞いてどんなことを思い浮かべるでしょうか？

投資経験が浅い人なら、例えばＦＸ（外国為替証拠金取引）で、ＡＩ（人工知能）のようなソフトウェアが買い時や売り時の最適なタイミングを判断して、利益を最大化する売買を自動的に実行してくれる仕組み、を想像したかもしれません。また、株取引において、銘柄選択までを自動で行ってくれるようなツール、と考えた人もいるのではないでしょうか。残念ながら、これらはオートトレードに対する典型的な誤解です。

確かに、私たちは「自動」という言葉に対し、ついそういった「何でもお任せでやってくれるもの」という印象を抱きがちです。その好例が「自動運転」でしょう。私は、オートトレードを説明する際に、よく自動運転との対比を用います。現在では一般に普及した自動運転という言葉ですが、その詳細まで理解している人は多くないでしょう。

自動運転は、自動化の程度によってレベル（フェーズ）0～5に分けられています。現在実用化されているのは、ハンドル操作とペダル操作を両方自動化する（ハンドルから手を離すと同時にペダルから足を離すことができる）レベル2です。2017年内には、高速道路など特定の交通条件下で、すべての運転操作を完全にクルマに任せられるレベル3の車両が実用化されるという報道もありました。しかし、完全に自動で走るレベル5の車両の登場は、もう少し先の話になりそうです。

自動運転は国の支援もあり、着実に進化を遂げています。一方、投資の自動化は、まだ黎明期といったところです。機関投資家とごく一部の個人投資家が使っているのみで、一般的な個人投資家には存在すらほとんど知られていません。

では、オートトレードとは何でしょうか？　実は、この質問に正確に答えられる人は、現在の日本にはほとんどいません。

証券会社の売買ツールを使いこなしている人ならば、「ある一定のルールを入力して、そのルールに沿って売買を行うこと」をオートトレードと考えているでしょう。実際、そういった定義をしている証券会社もあります。またある人は、「独自開発したプログラムを駆使して、機関投資家が大規模な取引をコンピューターで行っている様子」を想像したかもしれません。確かにこれもオートトレードの一種です。どちらも間違ってはいませんが、オートトレードの本質を説明したものではありません。

自動化のレベルがきちんと分類されている自動運転と違って、オートトレードには厳密な定義がありません。このため、投資に詳しい人とそうでない人の間に認識の差があるだけでなく、証券マンのような専門家の間でさえ、オートトレードの定義が異なる場合があるのです。オートトレードに関して、本章の冒頭で述べたような誤解が生じているのも、ある意味仕方のないことかもしれません。

概念自体が浸透していないこともあって、日本ではオートトレードという言葉が非常にあいまいな使われ方をしています。そこで本章では、オートトレードとは何かをひも解いていこうと思います。

まずはシステムトレードについて知ろう

より正確にオートトレードの実体を把握するために、まずはそのひとつ上の概念から見ていくことにします。オートトレードは「システムトレード」の一種です。投資の経験がある人なら、システムトレードという言葉を一度は聞いたことがあるのではないでしょうか。これは、「あらかじめ決めたルールに基づいて行う取引」のことです。

投資家であれば、誰しも「どういうタイミングで買い、どういうタイミングで売るか」という自分なりのルールを設けていることでしょう。ただし、基本となるルールは作っているものの、その時々のトレンドやニュース、あるいはその場で働いた「勘」などに影響されて、よく言えば柔軟な、悪く言えばあやふやな基準で投資を行っている人も多いのではないでしょうか。

システムトレードは、投資のルールを明確化し、そのルールに従って厳密に運用する手法のことです。わかりやすい例を挙げると、「移動平均線でゴールデンクロスが発生したら買い、デッドクロスが発生したら売り」というルールで売買するのも、システムトレードです。ルールを決めて運用することすべてを指すものなので、紙に書き出したルールに従って、いわゆる「場立ち」が手サインで売買することも、システムトレードに含まれます。

このことからも想像がつくように、システムトレードは今に始まったものではなく、長い歴史があります。具体的には、今から200年以上前、江戸時代後期の大坂・堂島で行われていた米相場までさかのぼります。株価の過去の値動きや現在値から将来の値動きを分析する手法を「テクニカル分析」と呼びますが、当時の米相場でもローソク足を使ったテクニカル分析を用いたシステムトレードが行われていたと言われています（もちろん、当時はテクニカル分析という用語はありませんが）。

江戸時代後期・大坂の米相場と言えば、ローソク足の考案者と言われている本間宗久が思い浮かびます。出羽庄内（現・山形県庄内地方）の米商人であり豪商であった本間宗久は、紙と筆を使って日々の相場を書き留めるうちに、ある法則を発見したのでしょう。そして、その法則に基づいて独自のルールを定めて売買を行いました。これがシステムトレードの原型とも言うべきものです。

システムトレードを駆使して、本間宗久は米相場で大成功を収めました。莫大な財産を得た本間家は「本間様には及びもせぬが、せめてなりたや殿様に」などとうたわれるほどでした。ローソク足は相場の値動きを可視化するチャートであり、売買のルールを策定する際に極めて有用です。そう考えると、ローソク足の誕生とほぼ同時にシステムトレードが生まれたのは、歴史の必然と言えるかもしれません。

オートトレードで何が「ラクになる」のか

本間宗久のような手法は、自らの頭で売買のルールを考えて、自らが発注する「手動のシステムトレード」と言えます。

これに対してオートトレードは、いわば「自動のシステムトレード」です。取引において自動化できるのは、「投資ルールの設定」と「売買発注」の2つ。この「投資ルールの設定」と「売買発注」をそれぞれ手動で行う場合と自動で行う場合のパターンを考えてみましょう。

❶ 投資ルールを自分で考える（手動）
❷ 投資ルールを自分で考えない（自動）
❸ 売買発注を手動で行う
❹ 売買発注を自動（プログラム）で行う

すべての投資はこの4つのうち、❶と❷のいずれかひとつと、❸と❹のいずれかひとつ、計2つを組み合わせたものとなります（**図1**）。例えば、最も基本的な投資方法は、本間宗久のように「投資ルールを自分で考え」たうえで、「売買発注を手動で行う」ことでしょう。つまり、❶と❸の組み合わせです。

オートトレードは、「売買発注」の作業を自動化することを指します。つまり**図1**では上の段の2つのマスがこれに相当します。

別の言い方をすると、オートトレードとは「ある条件をトリガー（きっかけ）にして、売買発注をプログラムで行う」仕組みです。「投資ルールの設定」を自分でやるか（手動）、他人任せにするか（自動）については問いません。

図1　オートトレードの概念

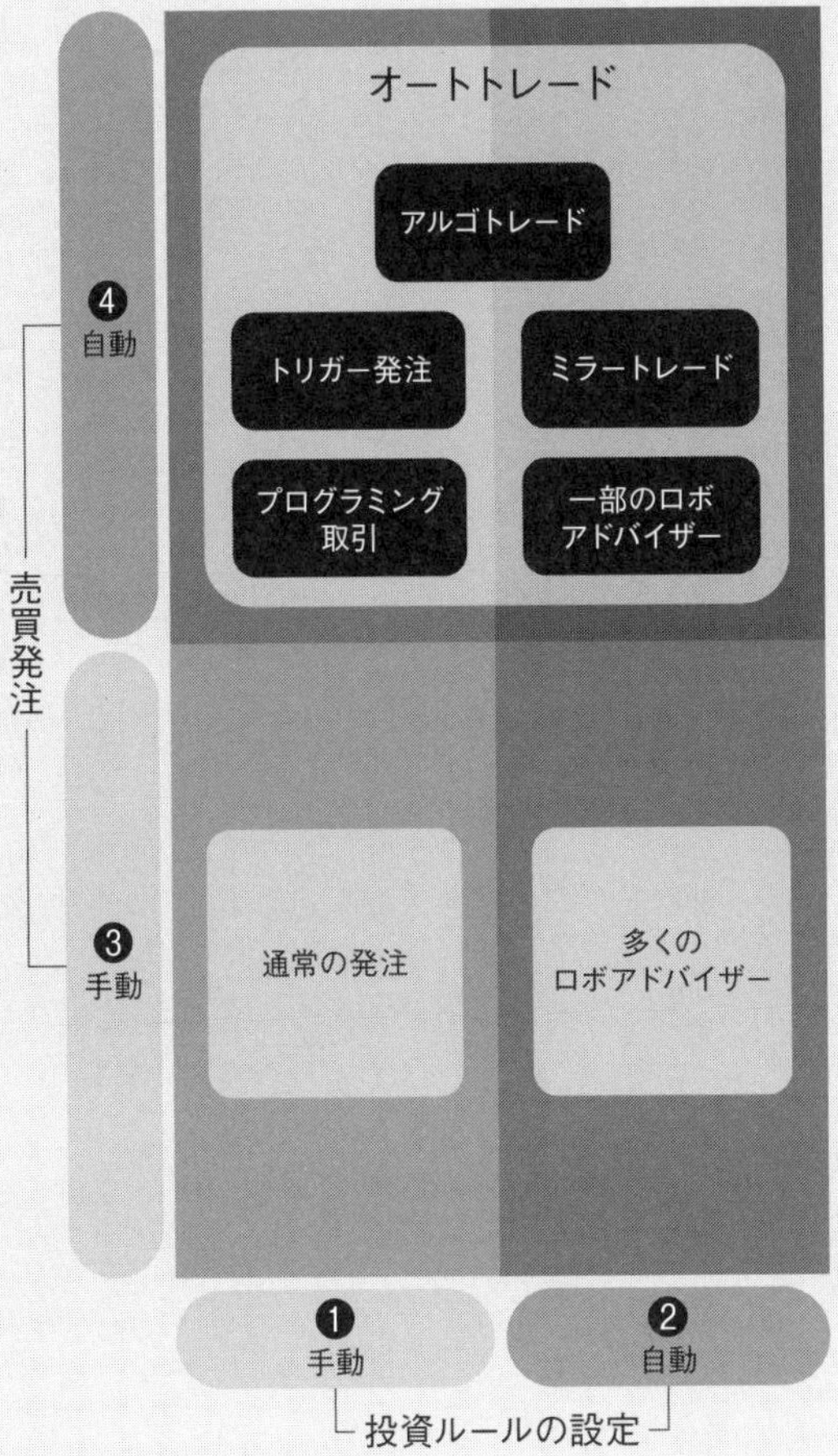

オートトレードの本命・アルゴトレード

オートトレードは、「プログラミング取引」や「ミラートレード」など、いくつかのサブカテゴリーに分類されます。前述したようにオートトレードの捉え方が人によって異なるのは、その人が指しているサブカテゴリーが異なるからなのです。

なお、オートトレードのサブカテゴリーのひとつである「アルゴリズムトレード（アルゴトレード）」とは、投資ルールとして一定の計算式（アルゴリズム）を設定し、その計算式を基にコンピューターが最適な銘柄あるいは買値・売値を導き出して、その結果に従って自動で取引を行う方法を指します。

例えば、「『前日の終値と比べて今日の始値が2％以上値が下がっている』という条件と、『現在値が最安値より0・5％上がっている』という2つの条件を同時に満たす銘柄を買う」という投資ルールを設定したとします。しかし、3500以上（2017年10月時点／出典：日本取引所グループ）ある東京証券取引所（東証）上場銘柄のなかから、この条件に合致する銘柄を個人で探すのは大変な手間です。

そこで、条件をコンピューターに入力し、それ以降の銘柄抽出の作業を任せようというのがアルゴトレードです。なお、**図1**内でアルゴトレードの「投資ルールの設定」が「自動」と「手動」のマスにまたがっているのは、投資ルールに基づく計算はコンピューターのプログラムがやってくれるものの、投資ルールを考えて入力するところまでは人間がやる必要があるからです。

個人的には、これらのオートトレードのうち、一般の個人投資家にとって最も身近になる可能性が高いのはアルゴトレードだと考えています。その理由を以下に述べたいと思います。

アルゴトレードが主流になる理由

繰り返しになりますが、投資ルールを自分の頭で考えるか考えないかに関係なく、発注をプログラムが実行する手法はすべてオートトレードに含まれます。

このうち、27ページの**図1**の左上のマスに入る「投資ルールを自分で考えて、売買発注をプログラム（自動）で行う」組み合わせが、現在最もポピュラーなオートトレードと言えるでしょう。具体的なツールとしては、ＦＸで使われる『ＭＴ４』や、私が社長を務めるオートマチックトレード（以下、「弊社」）の『オートレ』、証券会社が提供しているトレーディングツール（岡三オンライン証券の『岡三ＲＳＳ』やマネックス証券の『マネックストレーダー』など）を用いた売買などがこのカテゴリーに入ります。

それでは、『ＭＴ４』と『オートレ』、そのほかの「トレーディングツール」ではいったい何が違うのでしょうか？　端的に言えば、柔軟性と難易度です。柔軟性とは、投資ルール作りにおいてさまざまな条件をトリガーとして使用できるということ。難易度はその投資ルールの実行に必要な専門性や手間のことです。

『ＭＴ４』は**図1**の「プログラミング取引」に相当するもので、投資ルールを入力するには専用のプログラミング言語を使う必要があるという難易度の高さがある半面、プログラミングの知識さえあればあらゆるトリガーを設定できる柔軟性があります。なお、プログラミング取引では自分ではプログラムを組まずにほかのユーザーが開発したプログラムを購入して利用することも可能で、その場合は専門知識が不要です。ただし、この手法は後述する「ミラートレード」に近いものになります。

逆に、難易度は極めて低い半面、柔軟性に乏しいのが**図1**の「トリガー発注」です。これは、単純な数値入力だけでトリガーを設定可能ですが、指値や逆指値といった限定的なルールしか設定できません。一部の証券会社の「トレーディングツール」がこの機能を実装しています。

残る弊社の『オートトレ』はその中間といったところで、ユーザーによるプログラミングを必要とせず、複数の条件を組み合わせて投資ルールを設定できます。カテゴリーとしては**図1**の「アルゴトレード」に相当しますが、『オートトレ』ではトリガーとして設定できる条件（パラメーター）を絞り込んでいるので、アルゴトレードのなかでも初級版といった位置づけです。

難易度の高さからすると、一般の個人投資家向けと言えるのは「売買ツール（トリガー発注）」もしくは『オートトレ』（アルゴトレード）の2つでしょう。このうち、単純な条件しか設定できないトリガー発注は、「損を出さない」という使い方に向いています。

一方、自分なりの「勝てるルール」を作ってコツコツ儲けを積み上げていくといった投資にはアルゴトレードが向いています。資産を増やすという投資本来の目的から考えれば、アルゴトレードが、いずれオートトレードの主流になるという私の予測に同意していただけるのではないでしょうか。

プロの戦略を模倣するミラートレード

次に、オートトレードのもうひとつのパターンである、**図1**の右上のマスに入る投資手法について見ていきましょう。これは、「投資ルールを自分で考えず、売買発注をプログラムで行う」もの。一般に「ミラートレード（コピートレード）」と呼ばれるものと、一部の「ロボアドバイザー」がこれに相当します。

なお、「ロボアドバイザー」は現状では投資信託向けのサービスが多く、本書が主に扱うFXや株の投資とはやや性格が異なる部分があるので、ここでは割愛します。

「ミラートレード」には2つの種類があります。まずひとつ目は、プロの投資家（トレーダー）のルールを模した有料プログラムを購入して、自分のオートトレードツール

（ソフトウェア）に組み込むタイプ。文字通り、プロが作った投資ルールをそっくりそのままコピーして自分の投資に利用するやり方です。

この場合、販売されているプログラムにも2タイプあって、投資ルールの内容が公開されているものと非公開のものがあります。一般に、ルール公開型のプログラムは非公開型のプログラムよりも高額で販売されています。理由は、投資ルールの内容がわかれば、それをそのまま使うだけでなく、プロがどんな考えに基づいて投資ルールを設定しているかを勉強することができるし、またその投資ルールを自分なりにカスタマイズして使うこともできるという応用性があるからです。

これに対し、ルール非公開型のプログラムはルールの内容を分析することはできず、カスタマイズの余地もありません。完全に「他人頼み」のやり方です。信頼したプロ投資家の投資ルール通りに売買が行われるので、自らが頭を動かす必要がありません。当然ながら、それで利益を出せるかどうかは投資ルール次第ですが、最も頭を使わずに済むラクな投資方法なのは確かです。

最もラクと聞くと飛びつきたくなる人もいるかもしれませんが、注意したいのは、ルール非公開型のプログラムは玉石混交であることです。投資ルールがブラックボックス化されているということは、使ってみないことにはそのルールの良し悪しを判断しようがないことを意味します。お金を出して買ったプログラムをいざ利用してみたら、まったく成果が上がらないどころか、大損をするということもあり得ます。

実際に、前述した『ＭＴ４』では、過度に成果を強調したプログラムや効果のないプログラムが販売されたことがあり、それらがまん延したために「オートトレードは儲からない」という間違った認識が広がったという経緯があります。投資ルールを完全に他人任せにするのはラクな半面、このようなリスクがあるのです。また、他人が作ったルールに頼っているばかりでは自分の投資リテラシーはいっこうに向上しないというデメリットもあります。

最近では、過去の成績やＰＦ（パフォーマンス）、最大ドローダウン（資産の下落率）などを判断基準にして信頼できるトレーダーを選び、そのトレーダーの投資戦略をコピーして運用するのが一般的です。

もちろん、それでも選んだトレーダーの成績が悪くなることもあれば、投資環境が変化する場合もあり得ます。そのときは、別のトレーダーの戦略に乗り換えることができます。たとえるなら、スポーツチームの監督になり、選手の調子や試合の流れを見ながら、采配を振るうようなイメージです。

投資助言業者を利用するミラートレード

2種類ある「ミラートレード」の2つ目は、投資助言業者を利用するものです。これはプログラムを購入するのではなく、契約した投資助言業者からメールなどの形で受け取った「シグナル」をトリガーにして自動発注を行うもの。ここでは、日経225先物の売買に対応した弊社の『シグナルdeオーダー』というサービスを例に取って、具体的な仕組みを説明しましょう。

このサービスに登録しておけば、投資助言業者のようなプロの投資アドバイザーの相場分析情報に基づいた売買サインの内容が『シグナルdeオーダー』のシステムに送られ、同システムが証券口座に対して自動で発注をかけるという仕組みです。

このサービスのユーザーは、極端な話、登録さえしておけば何もする必要がありません。オートトレードのなかでも最も手間がかからないのがミラートレードで、さらにそのなかでも特に手軽なのが、『シグナルdeオーダー』のような投資助言業者のシグナルをトリガーにした自動売買と言えるでしょう。

以上をまとめると、オートトレードは次の6つのタイプに細分化できます。当然ながら、いずれのタイプも売買の発注は自動（プログラム）で実行します。これら6つのタイプを、難易度と柔軟性の2軸に沿ってマッピングしたものが**図2**です。

Ⓐ投資ルールを自分で考え、そのルールを自分でプログラミングする（プログラミング取引）

Ⓑ投資ルールを自分で考え、そのルールをソフトウェアに入力する（アルゴトレード）

Ⓒ投資ルールを自分で考えず、あらかじめ用意された簡易な投資ルールを利用する（トリガー発注）

図2　オートトレードの6タイプ

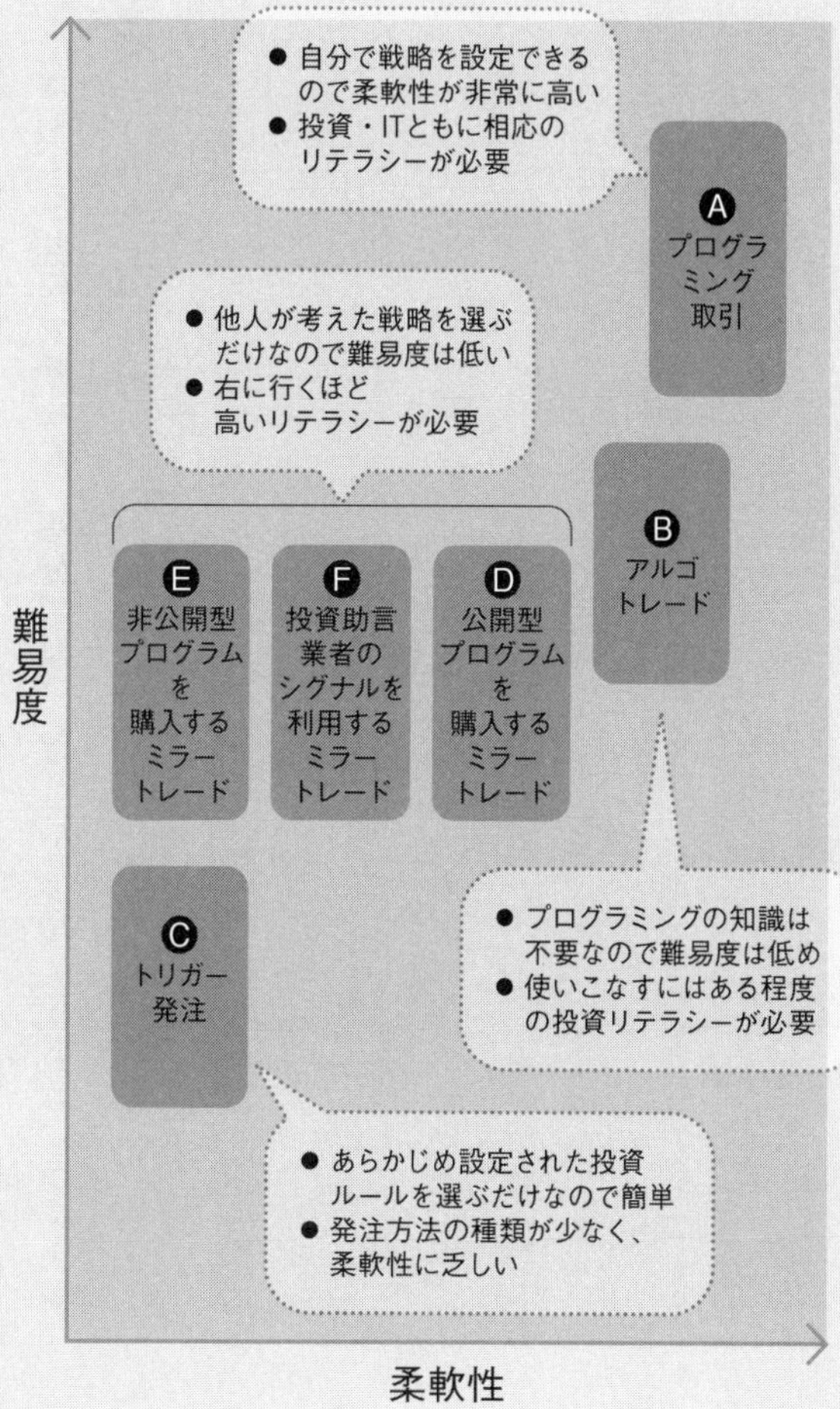

Ⓓ投資ルールを自分で考えず、公開型プログラムを購入する（ミラートレード）

Ⓔ投資ルールを自分で考えず、非公開型プログラムを購入する（ミラートレード）

Ⓕ投資ルールを自分で考えず、投資助言業者のシグナルを利用する（ミラートレード）

オートトレードを活用する際には、このなかから自分の性格や投資スタイル、生活スタイルなどに合わせて、最も適切な方法を選ぶ必要があります。なかでも、Ⓐ～Ⓒはある程度、投資の知識や勉強、スキルが必要なことは覚えておきましょう。

Column

自動運転

今「自動化」というと、皆さんが最初に思い浮かべるのはクルマの自動運転ではないでしょうか。その自動運転の話で必ずと言っていいほど出てくるキーワードが「レベル（フェーズ）」です。例えば、少し前に「アウディが世界初、レベル3の自動運転車を2017年に発売」という報道があったのを覚えている人もいるでしょう。しかし、よほど技術に関心がある人やクルマ好きでもない限り、自動運転の各レベルが何を意味するかまでは知らないと思います。そこで、本コラムでは自動運転がどのようにレベル分けされているかを説明していきます。投資を含め、物事の自動化がどのような段階を経て実現していくか、参考になるはずです。

現在、自動車メーカーや報道各社が使っている自動運転のレベルは、その多くが米国運輸省道路交通安全局（NHTSA）が設定したものを基準にしています。NHTSAでは、まったく自動化していない状態を含め、レベルを0～5の6段階に分けています。

レベル0

人間の運転者が、常時すべての操作（運転タスク）を行う

レベル1

自動化システムは走行環境に応じたハンドル操作、あるいは加減速のいずれかの運転タスクを行う。人間の運転者はシステムが補助していない運転タスクを実行する

レベル2

自動化システムは走行環境に応じたハンドル操作と加減速の運転タスクを行う。人間の運転者はシステムが補助していない運転タスクを実行する

レベル3

人間の運転者は自動化システムからの運転操作切り替え要請に応じるという条件のもと、特定の運転モードにおいて自動化システムが車両の運転操作を行う

レベル4

人間の運転者が自動化システムからの運転操作切り替え要請に適切に応じなかった場合でも、特定の運転モードにおいて自動化システムが車両の運転操作を行う

レベル5

人間の運転者が運転できるすべての条件下において、自動化システムがすべての運転タスクを行う

なお、レベル0〜2では運転環境を監視するのは人間の運転者であるのに対し、レベル3〜5では自動化システムが監視するという大きな違いがあります。

自動運転を盛んにアピールしている日産自動車やテスラモーターズが2017年の段階で市販化しているのは「レベル2」に相当します。アクセル・ブレーキやステアリングの操作を支援してくれますが、原則として運転者はハンドルを握っておき、運転環境を監視し続ける必要があります。一方、アウディが世界で初めて発売する「レベル3」は、一定の条件下において、クルマに運転を任せてしまうことが可能です。

アウディのリリースによると、「中央分離帯のある比較的混雑した高速道路を時速60㎞以下で走行しているとき、ドライバーに代わって運転操作を引き受けます。センターコンソールにあるAIボタンを押すことで、この機能が有効となります」とのこと。このシステムは、発進、加速、ハンドル操作、ブレーキの各操作に対応しており、ドライバーはハンドルから手を離したままでも走行可能です。その国の法律で許されていれば、ドライバーは車載のテレビを視聴するなど、運転以外の行為を行うこともできるそうです。

もちろん、自動運転を本格的に実用化するには、法的な課題や事故時の責任所在など、クリアすべき問題もあります。しかし、同社のルペルト・シュタートラー社長が発表会で強調した「人々に1日の25時間目を提供する」（自動運転によって、新たに1時間の余裕が生まれるという意味）という言葉は、自動化によるライフスタイルの変化を感じさせます。そしてこの考え方は、オートトレードにも通じるものです。アウディの取り組みはクルマですが、他の分野にも「自動化」の流れが波及するきっかけになればいいですね。

オートトレードはどのようにして始まったか

礎を築いたＦＸの自動売買ツール『ＭＴ４』

先ほど、オートトレードの上位概念であるシステムトレードは、２００年以上前の江戸時代の米相場でも行われていたという話をしました。では、オートトレードはいつから始まったのでしょうか。正直な話をすれば、正確なところはわかりません。ただし、コンピューターと金融工学が普及したあと、機関投資家が自らプログラムを構築して、一定のアルゴリズムに基づいて運用したのが始まりと考えられます。20世紀の半ば、戦後の早い時期から行われていたようです。

余談ですが、日本の民間企業で初めて商用コンピューターを導入したのは野村證券と東京証券取引所（東証）です。現在のユニシス社が発表した『ＵＮＩＶＡＣ《ユニバック》１２０』というシステムがそれで、野村證券では1955年4月からの8年間、株式売買計算をはじめとして、投資信託の時価計算、証券代行関係の配当金計算、増資計算など、当時の新業務にも使用されたと言われています。

では、個人がオートトレードを行うようになったのはいつ頃でしょうか。これも諸説ありますが、2005年にリリースされたFX用のトレーディングソフト『MT4』が先駆けだと言われています。先ほどのオートトレードの分類の話にも出てきた「アルゴトレード」を実行するソフトウェアです。FXに本格的に取り組む個人投資家なら、一度は聞いたことがある名前でしょう。非常によくできたソフトウェアで、リリースから10年以上たった今でも現役で使用されています。

『MT4』を開発したのは、キプロスに本社を置くメタクオーツ社。その原型は、2000年に発表したFXのチャートを表示するソフト『FX Chart』でした。その1年後には、FXに加えてCFD（差金決済取引）に対応し、MQLというプログラミング言語を使って投資ルール（ストラテジー）を作ることもできる『MetaTrader』をリリース。その後、2003年に『MT3』、2005年に自動売買が可能な『MT4』へと進化を続けます。チャートを表示できるツールはほかにもあったのですが、自動売買に対応したツール、つまりオートトレードができるツールとして製品化されたのは『ＭＴ４』が初めてでした。ちなみに、２０１１年には後継となる『ＭＴ５』がリリースされているのですが、使い勝手のよさと対応しているＦＸ業者の多さから、いまだに『ＭＴ４』が重宝されています。

『ＭＴ４』の名が広まったことと、『ＭＴ４』では株のオートトレードができないことから、「オートトレード＝ＦＸ」と思い込んでいる人が多いかもしれません。すでに説明したように、オートトレードはＦＸに限ったものではなく、株や投資信託の自動売買も含まれます。一方で、人気の『ＭＴ４』がＦＸのみに対応していたことにも、相応の理由があります。実は、ＦＸは最もオートトレードに向いている取引なのです。理由はいくつかありますが、最大の理由は銘柄の少なさです。

FXとオートトレードは相性がいい

株でオートトレードを行おうとした場合、東証に上場している銘柄だけでも約350銘柄あり、それらを個別にスクリーニングして自動売買のアルゴリズムを組む必要があります。一方、FXの場合は、英ポンド／米ドル、ユーロ／米ドル、米ドル／円、ユーロ／英ポンドなど、主要な通貨については限られた組み合わせしかないため、オートトレードのアルゴリズムが組みやすいのです。

また、価格変動要素についても、株の場合は企業決算や不祥事といった多様なミクロ要因が関係してくるのに対し、FXは地政学や政治リスク、財政政策、金融政策などのマクロ要因が主な変動要因であり、アルゴリズムの構築が比較的簡単というメリットがあります。

もうひとつ、FXでオートトレードが広まった理由は、取引形態にあります。2010年以前は、日本のFX取引にはレバレッジ規制がありませんでした。極端に言えば、元手の何百倍もの資金で取引ができたのです。

実は、その頃は『ＭＴ４』はあまり普及していませんでした。本格的に普及するのは、ＦＸに関する法整備が進み、規制が厳しくなってからです。２０１０年にはレバレッジが50倍までに規制され、２０１１年には25倍までに規制されました。レバレッジが高ければ、少ない取引でも大きな利益に挑戦できますが、レバレッジが低ければ、利益を積み上げるには取引回数を増やすしかありません。手間をかけずに細かい取引を頻繁に行えるオートトレードは、レバレッジが低く規制されて投資家が嘆いているその状況にピッタリのツールとして注目されるようになったというわけです。

そして、２０１１年に起こった東日本大震災も関係しています。ご存じの通り、震災の影響で国内の投資マインドは一気に冷え込んでしまい、ＦＸ業者も厳しい状況に立たされました。そんな状況をなんとか打開しようと、中小のＦＸ業者が『ＭＴ４』を導入し、自社用にカスタマイズして比較的簡単に使えるようになったことが、普及を加速させる一因となりました。日本のオートトレードがＦＸの分野で浸透していった背景には、こうしたいくつかの要因があったのです。

それでは、株のオートトレードはどうだったのでしょうか。２０００年代前半にはトレードステーション社の『トレードステーション』というツールが米国から入ってきましたが、日本株に対応していないのと使用料の高さとがネックとなり、ほとんど普及しませんでした。

現在、国内で株投資用のオートトレードツールを提供しているのは、弊社を含めて3社ほど。株におけるオートトレードの歴史は、まだ始まったばかりです。

現在のオートトレード事情

『MT4』の普及が進まない理由とは？

オートトレードの歴史に触れたところで、現状についてもお話ししておきましょう。『MT4』により、オートトレードは徐々に日本の個人投資家にも普及していきました。いえ、「普及した」という表現には語弊があるかもしれません。実際、読者の皆さんのなかには『MT4』という単語自体を知らなかった人もいることでしょう。なぜなら、『MT4』を使いこなせるのはごく一部の個人投資家のみで、それ以外の個人投資家にはほぼ無関係なツールだからです。

正確に表現すれば、『MT4』が普及したのは、ある程度プログラミングの知識があり、FXにおいてもかなり知識が豊富な個人投資家においての話です。実際、『MT

4』が日本に入ってきた当初は、自動車関係のエンジニアや大学で金融工学を学んでいる学生などがメインユーザーだったという話も聞きました。

ありていに言えば、『MT4』はFXをコアにした個人投資家にとっては、非常に重要な取引ツールであり続けている一方、大半の個人投資家は手を出していない・出せない状況が続いています。また、FX業者のなかにも、一度は『MT4』を導入したものの、その後取り扱いを止めてしまったところもたくさんあります。『MT4』が一般の個人投資家まで広がらないのにはさまざまな理由がありますが、ひとつには、敷居の高さ・使い勝手の悪さが挙げられます。

FX業者がある程度カスタマイズしたとはいえ、『MT4』を使いこなすにはMQLという言語でプログラムを組む必要があります。これは、プログラミングの知識と金融リテラシーが高くないと難しい作業です。本来はその部分をFX業者がフォローして、より使いやすいものに改善するべきだったのですが、そこまでする業者は現れませんでした。『MT4』を導入しさえすればお客様が増えると考えて、その後のマーケティングやフォローアップをおろそかにしてしまったのです。本当は、そこが最も大切なのに。

ただ「箱」だけを用意してあとはご自由に、というやり方をしたため、熱心な個人投資家以外に広がることはありませんでした。

日本のガラパゴス文化の影響も

個人的には、『MT4』が普及しなかった背景には、あらゆる業務システムを自前で作りたがる日本独自の企業文化もあると考えています。海外の企業は合理的で、外部システムを導入するのと、自分たちがシステムを作るのではどちらがコストが安いのか、という基準で考えます。その考え方は企業の大小にかかわらず共通で、安くつくなら外部システムを使えばいいと割り切るのです。グローバルでは、『MT4』もその考え方で広がっていきました。

一方、日本では資本力がない小さなFX業者が『MT4』を積極的に導入しましたが、大手は自前システムの構築にこだわりました。かと言って、自前で『MT4』を超えるようなツールの開発に成功した例は聞きません。結局、多くの個人投資家に影響力があるのは大手ですから、大手が消極的な時点で普及するにも限界があります。株のオートトレードツール『トレードステーション』にも、同じことが言えるでしょう。

これはオートトレードツールに限った話ではありません。例えば営業管理ツールや在庫管理ツールなども、市販のものに自分たちのやり方を合わせるのではなく、自分たちのやり方に合わせてシステムを作るというやり方が、これまでの日本では支配的でした。そのやり方だと、汎用性のない独自のシステムやツールが生み出されることになり、それが古くなると、また一から自前で作り直す必要があります。よく言われるガラパゴスシステムであり、それは投資の世界にも随所に見られます。

幸いなことに、この風潮にも変化の兆しが見られます。2000年代の終わりから2010年代の初めにかけて、携帯電話の主流がフィーチャーフォンからスマートフォンに変わっていった時期は、ガラパゴス的なやり方では世界に通用しないと、日本人の誰もが痛感しました。この頃から、グローバルスタンダードを意識してビジネスを展開する企業が増え始めた印象があります。

特に「スタートアップ」と呼ばれる活きのいい新興企業では、既成のシステムに業務を合わせて、効率化を図っているところも増えてきました。こういった考え方が広がっていくことは、ひいてはオートトレードの普及にとっても、追い風になると私は考えています。

高まるオートトレード普及の気運

将来不安に備えて投資家の数は増える

個人向けオートトレードツールの走りである『ＭＴ４』の歴史を振り返りつつ、現状を把握したところで、皆さんはどんな感想を抱いたでしょうか。なかには、「オートトレードは日本では普及しないのではないか」と感じた人もいるかもしれません。しかし、その結論を出すのは早計というものです。

『ＭＴ４』が一般の個人投資家に広まらなかったのは、オートトレードに魅力がなかったからではありません。『ＭＴ４』を使いこなすために専門的なスキルが必要だったことと、そのことに対するＦＸ業者のフォローアップがなかったことが原因です。敷居の高ささえ解消されれば、オートトレードが普及する可能性は高いと言えます。むしろ、オートトレードが広まる下地は整いつつあると言ってもいいでしょう。

言うまでもなく、現代は少子高齢化や低成長、格差拡大など、将来への不安材料がいっぱいの時代です。現役世代が安心して老後を迎えるには、社会保障制度に頼るだけでは不十分で、何らかの自助努力が必要になるのは明白です。国も徐々に自助努力を促す方向に舵を切りつつあります。「貯蓄から資産形成へ」（金融庁「平成27事務年度 金融レポート」）の推進は、わかりやすいスローガンでしょう。それに伴い、「NISA《ニーサ》（少額投資非課税制度）」や「iDeCo《イデコ》（個人型確定拠出年金）」といった制度も始まりました。

現在、日本の長期金利はほぼ0％。銀行にお金を預けていても利息はほとんどつかず、物価の上昇を考えれば実質的な資産は目減りする一方です。こんな状況で資産を預貯金に回すくらいなら、利回りが大きい株や債券に投資したほうがマシだと考える人も多くなってきました。投資人口が増えれば、それに比例してオートトレードに興味を持つ人も増えていくはずです。単純に、母集団となる個人投資家が増えること。それが、今後オートトレードが普及していくと私が考える第一の理由です。

投資の世界にも押し寄せる「自動化」の流れ

第二の理由は、世の中全体に「自動化」の流れが押し寄せていることです。最もわかりやすい事例では、繰り返し取り上げているクルマの自動運転が挙げられます。さすがにまだ全自動運転は実現していませんが、研究は加速度的に進んでおり、実用化は時間の問題です。他にもロボット掃除機や時短家電、スマート家電など、身近な機器が次々と自動化しています。買い物の手間を劇的に減らしてくれたAmazonも日々進化を続けており、今ではスマートフォンやパソコンすら使わず、ボタンひとつで注文可能になりました（Amazon Dash Button）。また、2017年中には、洗濯物を自動で畳んでくれる家電まで発売されると言われています。

ビジネスの分野においては「自動化」の流れはさらに進んでいます。今では、広大な敷地に数人ほどの従業員で、作業はほとんどロボットが行うという工場が珍しくありません。商品の管理や発送手続きをフルオートメーション化している流通・小売業もあります。

なぜ自動化するのか。それは人間の手間や面倒、ケアレスミスをテクノロジーによって解消するためです。その考え方のもと、これから身の回りのすべてのものが自動化していくでしょう。無論、投資も例外ではありません。オートトレードもこの考え方に準じたツールであり、まさに世の中の流れに沿ったものと言えます。

ならば、早いうちからオートトレードを始めるに越したことはありません。早く取りかかれば、そのぶん時間や手間を省くことができるし、取引機会が増えるからです。仕事や家事ですでに自動化の恩恵を感じている人は、オートトレードによってどんな恩恵が受けられるか、イメージしやすいはずです。次章では、オートトレードについてもっと詳しく見ていきましょう。

NISAとiDeCo

最近よく耳にする「NISA《ニーサ》」と「iDeCo《イデコ》」。投資の入り口として気になっている人も多いのではないでしょうか。

NISAとは、少額投資非課税制度の愛称。もともとは、英国の「ISA（個人貯蓄口座）」を参考に作られた制度です。証券会社で少額投資非課税口座を開けば、その口座で買いつけした株や投資信託などの売却益や配当金、分配金等にかかる税金が非課税になります。ただし、制度名に「少額」とあるように、非課税投資枠、つまり投資できる金額は年間120万円までとなっています。

合計で5年間運用できるので、最大600万円を非課税で運用できるわけです。そのほか、未成年を対象にした『ジュニアNISA』（年間の非課税投資枠は80万円）や『つみたてNISA』（年間の非課税投資枠は40万円で、20年間運用できる。商品は一定条件を満たす投資信託とETF（上場投資信託）のみ。2018年1月より制度開始）なども存在します。

ｉＤｅＣｏとは、個人型確定拠出年金の愛称です。制度自体は以前からありましたが、２０１７年1月から会社員やパート・契約社員、主婦など、国民年金に加入しているほぼすべての人が加入できるように規約が変更されました。このタイミングでｉＤｅＣｏという愛称とともに普及活動が始まり、一般にも浸透し始めたのです。

具体的には、金融機関で口座を開いて、月々５０００円から１０００円単位で「元本確保商品」または「投資信託商品」を購入（購入上限は働き方によって異なる。自営業者の場合は月額６・８万円）。60歳まで積み立てていき、60歳以降に公的年金にプラスして給付が受けられる仕組みです。特徴は、掛け金の全額が所得控除の対象となること。また、運用益も非課税で再投資に回されます。ただし、掛け金は60歳になるまで引き出せないことを覚えておきましょう。

第2章

オートトレード最大のメリットは時間の節約

私がオートトレードを始めた理由

30代の働き方を60歳まで続けられるか？

第1章では、世の中の自動化の流れや社会保障への不安、国が掲げる「貯蓄から資産形成へ」といった潮流などから、オートトレードが今後重要な投資ツールとなっていく可能性について述べました。

私がこの考えに至ったのは、実体験が大きく影響しています。なぜ私はオートトレードを始めたのか、そして、その結果、生活がどう変わったのか。この経験は皆さんにとってもよいケーススタディになると思うので、詳しく紹介しましょう。

私はもともと、電気機器メーカーのオムロンという会社でサラリーマンをしていました。ずっと会社員でいようと思っていたわけではなく、学生時代から自分で学習塾を立ち上げるなど起業精神はあったので、いずれは独立するつもりでいました。オムロンに入社してからも「優秀なやつほど早く会社を辞めて、残るのは会社に依存する人材だ」などと生意気なことを言って、実際に入社から約3年で退職しました。

オムロンではハードウェアの研究職をしていたこともあり、外部との人脈はなく独立した当初は苦労しました。一方で、小学生の頃からプログラミングに興味があり趣味で続けていたことが役立ちました。OA機器を販売している人と知り合って中小企業の販売管理や倉庫管理のシステムを組むことになったのです。そのつながりで、紹介また紹介という感じで仕事は増えていきました。

お客様に訪問して聞き取り、開発して納品、そしてメンテナンス。仕事はスムーズに進んではいたものの、すべてを一人でこなしていたのではやがて限界がくるのは目に見えていました。といって、人を雇うことにも積極的になれませんでした。私はちょうどバブルが崩壊した翌年の社会人1年生で、不景気で人が解雇されるということを目の当たりにしてきたからです。そういうこともあり、一人で完結できるインターネット上の仕事にシフトしていきました。当時はまだ草創期のレンタルサーバー業に目をつけ、何もわからないところから1冊の本を頼りに、勉強して事業を立ち上げました。途中で海外から悪質ハッカーの攻撃に遭いお客様のデータをほぼ消失させてしまうという失態もありましたが、トラブルを乗り越えて事業をなんとか軌道に乗せました。

おかげさまで仕事は順調。気がつけば、私は30代半ばになっていました。現状に特に不満はないとはいえ、従業員を雇わない個人事業主という働き方の限界を感じていた頃です。というのも、サーバー運営の仕事は24時間365日体制が基本なので、複数のクライアントの要望や急なトラブル対応が重なると、プライベートの時間を取れなくなることも珍しくありません。

しかも、IT（情報技術）の世界は日進月歩です。日々、新しい知識を吸収して、事業をアップデートしていかなければ、すぐに仕事は来なくなってしまいます。そんな状況で、ふとした思いがよぎりました。「60歳になっても、こんな働き方を続けていられるだろうか？」と。体力的にもそれは難しいだろうと思い、ならば、将来を見据えて身の振り方を考えておく必要があるだろうと考えました。

このとき、頭に浮かんだのは3つの選択肢です。ひとつは、大きい会社の社長にヘッドハンティングされること。さすがに現実的ではありません。次に、自分で会社の規模を大きくして安定を図ること。しかし、人を雇うことに抵抗があり、これまで個人事業主としてやってきたことを考えると、これも難しいだろうと思いました。最後が投資で、俗に言う「お金に働いてもらう」ことでした。お金に働いてもらうことなら、本業を続けながら始められるし、時間を取られることもなく、本業とは別に収入源を確保できるので理想的だと考えたのです。

もうひとつの収入源としての投資

これまでの収入源は本業のみ。いわゆる一輪車です。一輪車よりは二輪車のほうが安定します。今、働き方の多様化で副業に関しても盛んに議論されているように、本業に加えて、投資、副業と収入の柱を２つ立てれば、三輪車になってもっと安定します。配偶者と共働きの人は、その収入も加われば四輪車となり、かなりのリスクヘッジになります。当時の私は、投資を始めることで二輪車になりましたが、それでも本業のみの一輪車のときよりも安心感が生まれました。

もちろん、本業であるサーバー運営の仕事がすぐになくなるわけではなく、当面の大きな収入源であることに変わりはありません。投資は、本業の傍らでコツコツと勉強を続けながら、少しずつでも利益を出していければいいな、という軽い気持ちで臨んでいました。30代半ばで投資の勉強を始めておけば、50代になって、体力的に本業が厳しくなったとしても、投資で食べていけるかもしれないといった目論見もありました。ちなみに、当時の私が取引していたのは株です。株を選んだのは特段深い考えがあったからではなく、投資と言えば株、という思い込みによるものです。

自然とたどり着いたシステムトレード

投資の経験がある人はもうお気づきのことと思いますが、本業の片手間に株で儲けようというのは、非常に甘い考えでした。資金50万円で始めたので、手痛い損失を出すことこそありませんでしたが、精神的に追い詰められていきました。いざ投資を始めると、買った株の値動きがとにかく気になってしょうがないのです。

元手が少ないから利益も損失も数千円程度なのに、常に相場をチェックして、いつ買おうか、いつ売ろうかということばかり考えていました。片手間どころか、ついには本業にも影響が出る始末。これでは本末転倒です。

さすがにまずいと思い、やり方を変えることにしました。気になった株の過去の値動きを調べ、購入金額と売却金額を決めて、その値段になったら発注するという投資ルールを設けることにしたのです。当時、投資の知識はほとんど持っていなかったのですが、自分なりに考えた結果、システムトレードにたどり着いたことになります。

この方法にしてから負担は大きく減りました。大勝ちすることはなかったのですが、大負けすることもなくなり、少ないながらも利益が生まれるようになったのです。投資の勉強という目標も達成できていたので、それなりに満足していました。しかし、この方法でも、ある程度は値動きのチェックは必要です。そして、自分が定めた条件に合致する銘柄を見つけて、売買の発注をかけるという作業は発生します。

システムトレードを続けていくなかで、自然と「売買ルールが決まっているのだから、それが自動でできる仕組みがあればいいのに」と考えるようになりました。この考え方の根底には、私が勤めていたオムロンの創業者である立石一真氏の経営哲学があったように思います。「機械にできることは機械にまかせ、人間はより創造的な分野での活動を楽しむべきである」──今でも私が好きな言葉です。

手動のシステムトレードからオートトレードへ

「売買ルールは自分で作るから、実際の売買は機械（プログラム）にやってもらおう」。そう考えて最初に着手したのは、株のオートトレードツールを探すことでした。自分と同じ考えの投資家はたくさんいるはずで、プロフェッショナルな投資の世界ではすでにそういう仕組みが活用されているに違いないと考えたのです。

見つけたのは、米国のトレードステーション社が開発した『トレードステーション』というツールでした。第1章でもちらりと触れましたが、『トレードステーション』は世界中で株のオートトレードに使われていた高機能ツールで、現在は日本でもマネックス証券が対応しています。しかし、当時は日本語に対応しておらず、また個人で使うには使用料も高かったので、私は導入を諦めました。だったら、自分でプログラムを組んでしまおうと考えたのです。

当時、個人投資家レベルでは、Ｅｘｃｅｌのマクロ機能を使ってオートトレードのプログラムを組んでいるという人がちらほらいました。その人たちのブログを読むと、「寄り付きで前日終値から２％以上値が下がった株をスクリーニングして購入し、そこから１％上がったら売る」といったプログラムを組んでいるという話があり、これを模倣してみることにしました。

私はＥｘｃｅｌを使わず、ＰＨＰというプログラミング言語で同じ内容のプログラムを組んで運用を始めました。結果は、自分の手でやっていたときと同じで、少なくとも私が実行した範囲内では、大きくは勝てないけれど、負けることはほとんどありませんでした。小さく利益を積み重ねるといった感じです。最大の収穫は、自分が手を動かして発注するという手間から解放されたことです。

自前でオートトレードのプログラムを開発

手間からの解放という部分に、私は可能性を感じました。大勝ちしなかったのは、「負けないことを主眼に置いたルール」を設定したプログラムだったから。ならば、この部分をブラッシュアップしていけば、もっと利益を出すことができるかもしれないと考えました。何より、売買の手間がかからないというメリットがあります。これは手動の売買では実現できないことです。

そこで私は、「自分と同じような考えを持っていて、このプログラムを欲しがる人がいるのではないか」と思いつきました。周辺でマーケティング調査をしてみたところ、希望者が結構いることがわかりました。『トレードステーション』や『MT4』は、専門のプログラム言語を使う必要があり、設定が難しい。これらほど高度な条件設定はできないものの、簡単にオートトレードを実行できる私のプログラムには需要があったのでしょう。これはビジネスになると踏んで、会社（オートマチックトレード）を立ち上げることにしました。2006年5月のことです。

この当時、個人投資家向けに本格的な株のオートトレードツールを提供していたのは弊社だけでした。僭越《せんえつ》ながら、日本株のオートトレードの歴史は、弊社の歴史と言ってもいいと思います。

現在は、株以外にも日経225先物とFXのオートトレードツールも提供しているのですが、よく、「なぜ最初にFXのツールから開発しなかったの?」と尋ねられます。もっともな質問です。前述した通り、オートトレードのシステムを組む対象としては、通貨ペアの数が少なく、価格変動の要素が少ないFXが最も手軽です。

私が最初に株のオートトレードツールを開発した理由は明快で、自分がやっていた株取引の手間を軽減するのが目的だったから。初めは事業化するつもりはなかったのですが、ニーズがあることがわかったので、結果的に法人を立ち上げることになり、現在に至ります。もともとは、人を雇うことを避けて個人で完結する仕事を選び、投資を始めたのに、会社を起こして人を雇うことになるとは皮肉なものだと感じています。

日本における株のオートトレードの歴史

パソコン環境の発展とともに『オートトレ』も進化

日本初となる、個人でも簡単に使える株のオートトレードツール『オートトレ』は、PHPというオープンソースのプログラミング言語で組み上げました。PHPを使った理由は、私がもともとその言語を使用してプログラムを書いていたからです。ちなみに、2006年前後の当時、パソコンの処理性能やネットワークの速度などの問題もあり、オートトレードの環境は決して快適とは言えませんでした。

当初の『オートトレ』は、証券会社の取引システムに自動ログインして、指定した銘柄の価格を取得するというプログラムだったのですが、500銘柄の情報を取得するのに1分くらいかかっていたのです。その後、2008年にプログラムの開発言語をJava

に変更し、速度は実測値で8倍になりました。また、一般家庭のインターネット接続回線がADSLから光回線への切り替えが進んだこともあり、通信速度は大きく改善。加えてパソコンの処理性能も、半導体の集積率は18カ月ごとに2倍になるという「ムーアの法則」通りに、飛躍的に進歩しました。この時期のパソコン環境の進歩のめざましさは、皆さんも実感されたことでしょう。その結果、現在は、約3500の東証の上場銘柄すべての株価情報を、約2秒で取得できるようになりました。

手前みそながら、『オートトレ』が画期的だったのは、最初からクラウド型のソフトウェアにしたことです。メジャーなオートトレードツール『トレードステーション』は、ユーザーのパソコンにダウンロードする方式で、当時はソフトウェアと言えばまだまだこちらが主流でした。

しかしこの方式では、万が一、停電が起こったり、通信が途切れたり、パソコンに不具合があったりした場合は、復旧するまで取引ができないことになります。これでは、オートトレードの意義が半減するというものです。その点、クラウド型であれば、取引ルールの入力さえ済ませてしまえば、あとは停電しようがパソコンが壊れようが、取引は自動で進むという利点があります（図3）。

『オートレ』をクラウド型にした理由

『オートレ』でクラウド型を選択した理由は2つあります。ひとつは、私がもともとサーバー運用の仕事をしていたためにその知識があったこと。もうひとつは、時代のトレンドです。当時、一般ユーザー向けソフトウェアのクラウド化の先駆的存在として『Googleドキュメント』（当時は『Google Docs & Spreadsheets』）が登場し、ウェブブラウザー上でWordやExcelの書類を扱えるようになりました。それを見て、これからは多くのサービスがクラウドで運用されるようになると確信したことを覚えています。

クラウド型を採用するにあたって、プログラムを「軽く」するためにツールの機能を絞る必要がありました。そこで、私はあくまでオートトレードの実行に主眼を置くことにしました。このため『オートレ』では、条件に合う株をスクリーニングしたり、投資

図3　クラウド化のメリット

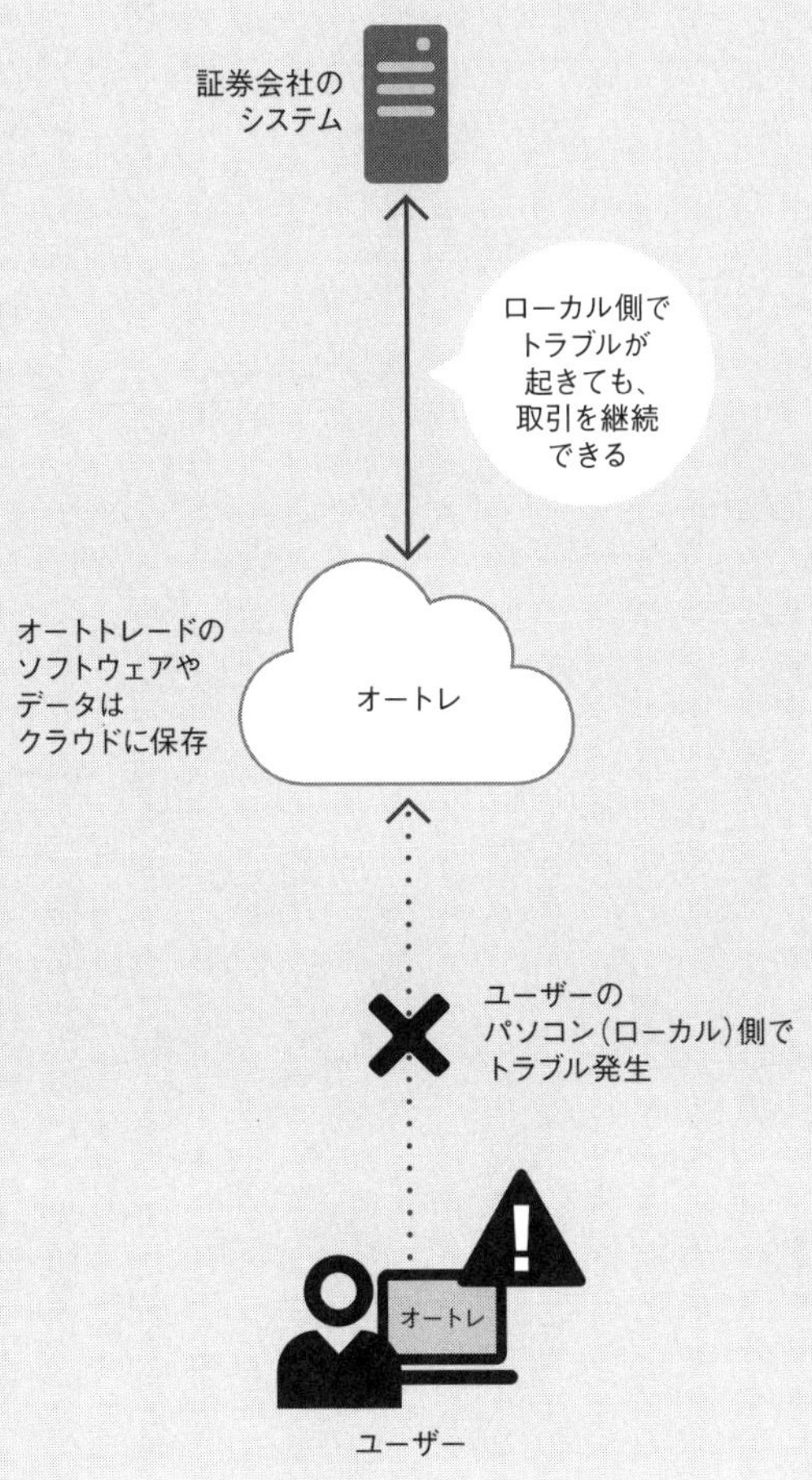

ルールに沿って売買したりすることは可能ですが、チャートの描画などには対応していません。その部分は、証券会社のトレードツールを使ってもらうことにしたのです。ちなみに、『トレードステーション』はチャートの表示機能も含めた「全部入り」のソフトウェアだったので、プログラムが大きすぎてクラウド化が難しかったと思われます。

Column

ブラックスワン

白鳥はその名の通り、白く美しい鳥です。しかし、オーストラリアで黒い白鳥（なんだかおかしな表現ですね）が発見されたことで、鳥類学の常識は大きく崩れました。この出来事から、金融界では「予想ができない衝撃の大きな出来事」のことを「ブラックスワン」と呼ぶようになりました。もともとは、2006年に刊行された、『ブラック・スワン 不確実性とリスクの本質』（ナシーム・ニコラス・タレブ著　ダイヤモンド社）で説明された理論で、同書がベストセラーになったことからその名称を聞いたことがある人も多いことでしょう。ちなみに、今世紀の「ブラックスワン」の代表的な事例は、2008年のリーマンショックですが、『ブラック・スワン 不確実性とリスクの本質』は、その前に刊行されたこともあって、同危機を予測した本として話題になりました。

この「ブラックスワン」ですが、フランスのメガバンク「ソシエテ・ジェネラル」のエコノミストが、2017年に現れるかもしれない4羽の黒い白鳥を発表しました。それは

「政治の不透明」「債券利回りの急上昇」「中国のハードランディング」「貿易戦争」の４つだそうです。

また、野村証券は２０１７年の「グレイスワン（確率的にはかなり低いが想定し得る大きな影響がある出来事）」として、「ロシアの軍事行動」「ＥＵからの英国の離脱」「新興市場の資本規制」「日本のインフレ率の急上昇」「トランプ大統領とＦＲＢ（米連邦準備制度理事会）の対立」「アベノミクスの失敗」などを発表しています。２０１７年10月時点で、すでに的中しているものもありますね。

「ブラックスワン」は突然現れて、それまでの秩序を崩します。そのとき、リスクをどれだけ抑えて損失を最小限にとどめられるかが、投資においてはとても重要なのです。

オートトレードの仕組み

『オートトレ』はどんな作業を実行しているのか

読者の皆さんのなかには、『オートトレ』が具体的にどんなことをしているのか、イメージが湧かないという人もいるかもしれません。そこで、少し専門的な話になりますが、『オートトレ』がどのような仕組みで動いているのかを説明しましょう。

『オートトレ』で投資ルール（アルゴリズム）を設定し、実行のコマンドを出すと、ユーザーが口座を開設している証券会社の売買サイトにプログラムがアクセスし、そこで株の購入や売却の発注をかける——というのが基本的な手順です。

これを可能にしているのが、「スクリーンスクレイピング」という技術。これは、ウェブサイトから必要な情報（ソースコード）を抽出し、その形式に合わせてあらかじめ用意した情報を自動入力するようにプログラムしておくことで、一連の操作を高速に実行する技術です。

通常、パソコンで株の売買を行うには、証券会社のサイトにアクセスして、IDとパスワードを入力してログインします。次に表示される画面で、目当ての株を選び、数量や価格、売り／買いなどの必要事項を入力して、「購入」のボタンをクリックすれば、取引が確定しますね。このような手順を踏むのは、人間が目で見て操作することを前提にインターフェースが設計されているからです。

同じことをプログラムで実行するのであれば、この作業は一瞬で完了します。ソースコードを見れば一連の作業を実行するのに必要な情報がわかるので、あらかじめIDとパスワード、売買する銘柄・条件などを入力しておけば、あとはプログラムがそのサイトの仕様に合わせて情報を瞬時に入力し、実行してくれるわけです。

弊社は株の自動売買を行うオリジナルの『オートトレ（現在は『オートトレ株式』）』以降、2007年に日経225先物のオートトレードツール『オートトレ225』、そして2009年にはFXのオートトレードツール『オートトレFX』をリリースしました（以下、この3つのツールを合わせ『オートトレシリーズ』）。いずれも基本的にはスクリーンスクレイピングでオートトレードを実現しています。

スクリーンスクレイピングは苦肉の策？

開発当初と比べ、オートトレードの環境で大きく変わったことが2点あります。ひとつは、パソコン性能と通信環境の進化。クラウド型であることをはじめ、『オートトレシリーズ』自体は先進的な考え方に基づいて作っているので、外部環境が進化すればそれだけ使いやすくなります。そしてもうひとつ、非常に重要なのが「API」への対応です（84ページ参照）。証券会社が自社の売買システムのAPIを公開すること、そしてそのAPIに合わせてプログラムを組むことが、理想的なオートトレードの実現には欠かせません。どういうことか、説明しましょう。

スクリーンスクレイピングを知って、「意外と原始的な仕組みなのだな」と思った人もいるのではないでしょうか。その通りです。スクリーンスクレイピングは、証券会社のサイトにアクセスし、ログイン画面でＩＤとパスワードを入力して取引画面に進み、銘柄を選んで……といった、人間が手動で行っていることをプログラムによって高速に実行しているにすぎません。

そうではなく、ユーザー側のソフトウェアからダイレクトに証券会社のシステムにアクセスし、売買の注文を出すというのが真に効率的なオートトレードの姿です（**図４**）。『オートレシリーズ』が目指しているのもこのやり方で、実は現行の『オートレシリーズ』も一部の証券会社に対しては直接の発注が可能です。なぜ全部そうしないのかと言えば、多くの証券会社がＡＰＩを開放（公開）していないからです。ＡＰＩが開放されていないと、ソフトウェアから証券会社のシステムにダイレクトに接続することはできないのです。現状のスクリーンスクレイピングによるオートトレードは、ＡＰＩが開放されていないことに対する苦肉の策と言えます。

図4　スクリーンスクレイピングとAPI接続の違い

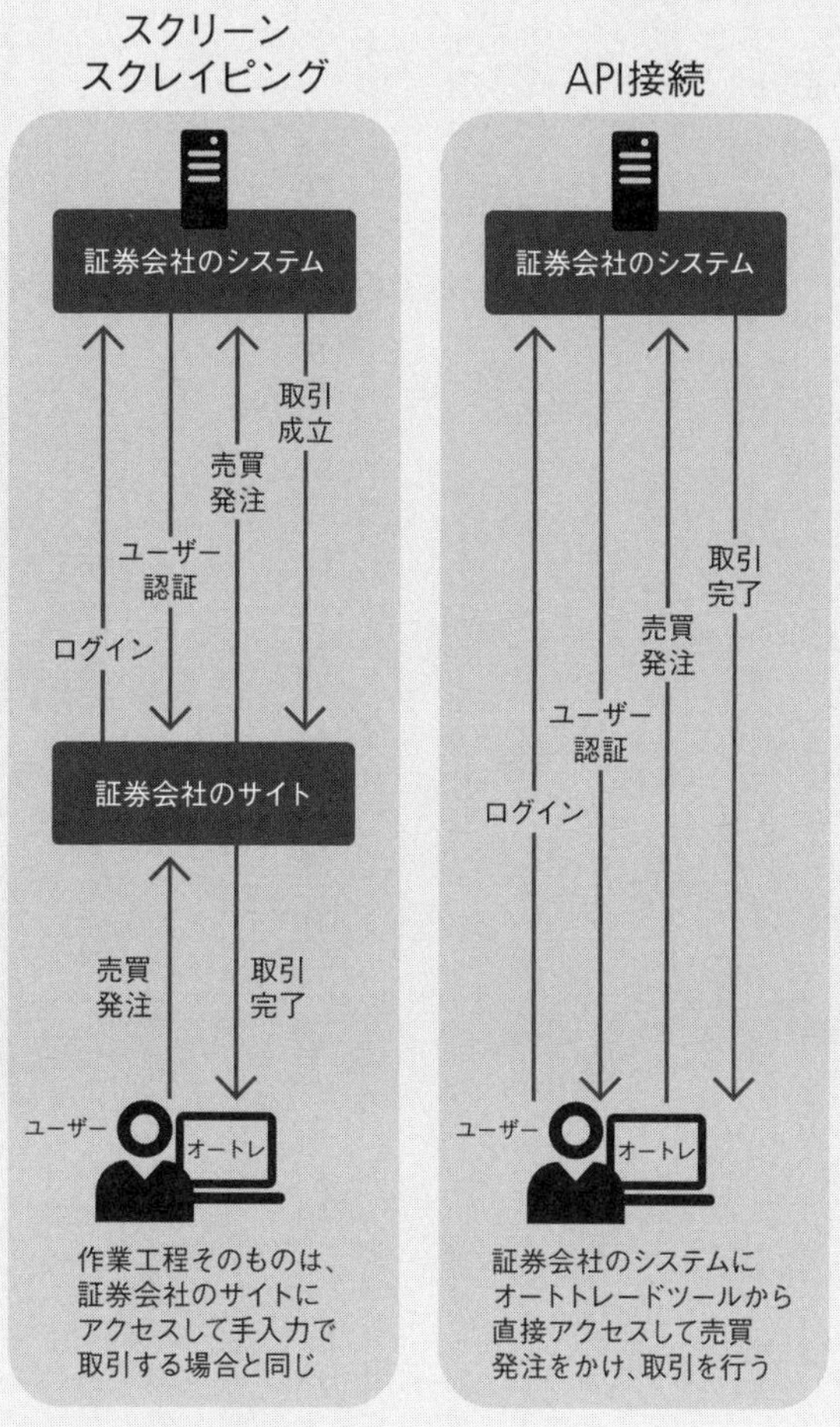

証券会社のAPI開放が最重要課題

「API」とは「Application Programming Interface（アプリケーション・プログラミング・インターフェース）」の頭文字を取ったもので、ソフトウェアの機能や管理データにアクセスして利用する手順やデータ形式などを定めたものを指します。例えば、『X』というソフトウェアのAPIの仕様がわかれば、別の『Y』というソフトウェアからも『X』の機能が利用可能になります。

APIをほかのソフトウェアからも利用可能にすることを、「APIの開放」あるいは「APIの公開」などと呼びます。その好例が、皆さんもご存じの『Googleマップ』です。『Googleマップ』はグーグルが提供している地図サービスですが、今ではさまざまな企業のサイトやアプリの画面に『Googleマップ』が埋め込んであり、そこから直接利用できますね。これは、『Googleマップ』のAPIが開放されているから可能なのです。

グーグルをはじめとするIT企業の多くは、積極的にAPIを開放し、自社サービスを広く利用してもらうというスタンスを取っています。これに対し、金融業界は伝統的に閉鎖的な傾向が強く、ほんの数年前まで、自社のトレードツールのＡＰＩを開放している企業はほぼゼロでした。私は、『オートトレ』を開発するにあたってさまざまな証券会社にＡＰＩ開放を要求しましたが、ほとんどが「前例がない」との理由で認めてくれませんでした。

ＡＰＩを開放することで『オートトレシリーズ』のようなオートトレードツールがたくさん開発され、利用されるようになれば、証券会社にとっても集客につながるのでメリットはあるはずです。しかし、多くの証券会社はオートトレードが集客に有効とは考えなかったようです。

では、彼らが何で集客していたかというと、他社との手数料競争です。しかし当然ながら、手数料でお客様を集めても、ほかの会社がより安い手数料を設定すれば、お客様はそちらに移動してしまいます。手数料以外に引きつける仕組みを作らなければ、不毛な価格競争に陥るだけです。

ＡＰＩを開放してオートトレードを導入すれば、安定して売買が発生し、そのぶん手数料も増えるので、売り上げに貢献できるはずだ――。そんなふうに私が説明すると、担当者レベルでは前向きに考えてくれた証券会社もありましたが、最終的には「前例がないから」と断られました。まさに、日本のビジネスを象徴するひと言です。そんななか、1社だけAPIを開放してくれたのが、カブドットコム証券でした。たった1社ですが、これは大きな一歩となりました。

なぜAPI接続が必須なのか?

ここまでAPI開放の重要性を説いてきましたが、実を言うと、これはユーザーの目には見えない部分です。『オートトレシリーズ』がスクリーンスクレイピングからAPI接続に変わったとしても、ユーザーインターフェースや使い方を含め、ユーザーが体感できる部分で何かが変わるわけではありません。

厳密にはアクセス速度なども向上しますが、ミリ秒以下の単位なので実感は湧かないでしょう。では、オートトレードの主流がスクリーンスクレイピングのままでいいのでしょうか？　それはあり得ません。見かけ上、ユーザーが得られる結果がほぼ同等だとしても、スクリーンスクレイピングとＡＰＩ接続には、仕組みとしての歴然たる「質」の差があるからです。

具体的には、ＡＰＩ接続になることでトレードツールの安定性・信頼性が大きく向上します。スクリーンスクレイピングの場合は、接続先の証券会社のサイトやトレードツールの仕様変更があると、それに合わせてプログラムを組み直す必要があります。スクリーンスクレイピングは証券会社の許可を得ることなく業者が勝手に実現できる半面、仕様変更があった場合には事後的に対応する必要があります。このチェックが漏れたり、対応が遅れたりすると、取引ができなくなることになり、ユーザーの損失につながります。これはオートトレードにとっては致命的です。

これに対し、ＡＰＩ接続の場合は証券会社とオートトレードの提供会社が提携することが前提で、仕様変更がある場合も事前に通知されるので、チェック漏れや対応の遅れの心配はありません。ユーザーも安心して利用できるわけです。

API開放が進む兆しあり

現在、『オートレシリーズ』は、カブドットコム証券に加えて、ほかの大手証券会社ともAPI接続についての交渉が最終段階に入っています。カブドットコム証券と合わせて、大手2社が『オートレシリーズ』にAPIを開放してくれれば、潮目は変わり、オートトレードの普及にも弾みがつくでしょう。

また、証券会社のAPI開放が進めば、オートトレードツールの開発・提供が容易になるため、さまざまな企業が参入してくることが考えられます。その意味でも、今後、オートトレードが普及することは確実と言えそうです。

さらなる追い風もあります。証券以外の金融分野でも、銀行などは2017年3月に閣議決定された銀行法改正案を受けて、各種サービスのAPI開放を進めています。例えば、三菱UFJフィナンシャル・グループは、法人向けのネットバンキングサービス『BizSTATION』において、APIを介して外部のサービス会社と連携を可能にする「APIサービス」の提供を2017年4月より開始しています。もちろん、ほかのメガバンクも同じ考えです。これにより、ベンチャー企業などはメガバンクへの口座情報へのアクセスが容易になり、家計簿アプリや財務アプリなどからの資金移動が格段に便利になっていくでしょう。ＡＰＩ開放の流れは今後の金融業界全体のトレンドとなり、証券分野にも及ぶはずです。

オートトレードのメリットとデメリット

ギャンブルを避けて損失を最小化できる

ここまで、オートトレードの仕組みや普及の可能性など、そのアウトラインについて述べてきました。ここでは、オートトレードの中身、つまり投資ツールとしての特徴とメリットについて述べたいと思います。

そもそも、オートトレードはどんな投資スタイルに向いているのでしょうか？　それは、「大負けを回避しながら、小さな利益を積み上げる」というスタイルです。もちろん、どれだけ勝ちの精度を上げられるかは、設定するルール次第。これは従来の投資と同じです。しかし、大負けを回避できる要因として、自動で損切りをしてくれるというのは大きなポイントとなります。

最近で言えば、英国がＥＵ離脱を決めた国民投票の影響により、英ポンド／円の為替相場が大きく動きました。ＦＸ投資の場合、こういった局面では大きく勝てる可能性と同時に、大きく負ける危険性もあります。

堅実に利益を積み重ねたい個人投資家にとって、そんなハイリスク・ハイリターンのギャンブルは避けるべきです。では、どうすればいいか。相場が大きく動くであろうイベント（国民投票日）の前に、自動でポジションを閉じるルールを入力しておけばいいのです。そうすることで、急な仕事の案件や病気、事故などでトレードができず、ポジションを持ったまま当日を迎えて大損害を被るという事態を避けられます。

また、大きなイベント前に忘れずポジションを整理するだけでなく、自分が許容できる損失額や割合をあらかじめ入力しておくことで、感情に左右されずに確実に損切りをすることができるのです。

投資の世界には、古くから「見切り千両、損切り万両」という格言があります。これは、「損失が少ないうちに見切りをつけることの価値は千両の、ある程度の損をしても損失を拡大させない売買をすることには万両の価値がある」という意味です。わかっていてもなかなか損切りができないからこそ、格言になったのでしょう。それを確実に実行してくれるのは、オートトレードのメリットと言えます。

一方、小さい利益については、「下がったら買い、上がったら売る」をコツコツと機械的に繰り返すことで積み重ねていくことができます。これは投資の基本中の基本ではありますが、最も難しいことでもあります。それは、投資格言「もうはまだなり、まだはもうなり」からもわかるでしょう。

人間には感情があるので、自分のポジションに対して「もう下がらないだろう」「まだ上がるかもしれない」というバイアスがどうしてもかかってしまいます。オートトレードはプログラムなので、そのようなバイアスとは無縁です。利幅は少なくとも、設定したルールに基づいて、「安く買って高く売る」を実直に繰り返してくれます。そうした細かい売買を自分の手でやると手間も負担もかかりますが、オートトレードなら一度投資ルールを設定すれば自らが手を動かす必要がないので、労少なくして細かい利益を積み重ねていける可能性があるのです。

時間と感情から解放されることが最大の利点

以上のことからもわかるように、オートトレードの最大のメリットは、「投資にかかる時間・手間」と「感情による取引への悪影響」から解放されることの2点です。

「投資にかかる時間・手間」には、2つの意味があります。ひとつは、単純に売買をしている時間。日本では、株の取引なら9時〜11時30分と12時30分〜15時まで、日経225先物なら8時45分〜15時10分と16時30分〜翌5時25分まで、FXに至ってはほぼ24時間の取引が可能です。

現実問題として、24時間チャートを見ながら取引をするのは不可能でしょう。不可能ながらも、折に触れて値動きをチェックしたくなるのも人情です。その点オートトレードは、入力したルールに基づいて自動で売買するので、取引時間中にチャートとにらめっこをする必要はありません。特に仕事をしながら投資をしている人に向いています。

もうひとつは、「いつ買おうか、いつ売ろうか」と考える時間から解放されるという意味があります。ポジションを持っていると、買い時や売り時が頭から離れないという人は多いでしょう。オートトレードを始める前の私もそうで、本業にも差し障るほどでした。これは、ある意味、自分の時間が取引に侵食されているということです。オートトレードなら、一度入力を済ませてしまえば考える必要はありません。

「感情による取引への悪影響」とは、いわゆる「行動ファイナンス理論」などに見られる非合理な選択のこと。普段の自分の行動を振り返れば納得できると思いますが、人は必ずしも合理的な判断だけで行動しているわけではありません。むしろ、自分に都合がいい解釈で判断していると言っていいでしょう。特に、投資ではその傾向が顕著です。

有名なところでは、「自分の能力を過大評価する」というものがあります。投資において、人は「自分なら勝てるはず」とか「この株は上がるはず」という根拠のない自信を抱きがちです。また、「利益よりも損失に敏感に反応する」といった傾向もあります。これは、利益確定を逃して損切りができない状態を引き起こします。

投資格言の数々が示唆するように、投資において人間の感情は、非常に厄介なものです。その感情部分に影響を受けることなく、自分が決めた投資ルールを粛々と遂行してくれるのが、オートトレードの大きな長所と言えます。

オートトレードにもデメリットはある

反対に、オートトレードのデメリットとは何でしょうか？　ひとつは、設定した投資ルールの内容次第では損を出すリスクがあることが挙げられます。もっとも、これはオートトレードに限った話ではなく、投資全般に言えることですが。

また、これに関連して、ルール設定を誤ったまま売買を実行してしまうと、売買が自動実行される性質上、ミスに気づくまで損を出し続けてしまうリスクが考えられます。これについては、新しいルールを設定する際は事前に必ず運用のシミュレーションをすることで、大部分は防げるはずです。

オートトレード特有のデメリットとしては、コスト、つまりツールの利用料がかかることが挙げられます。しかし、これは考えようです。「はじめに」で、オートトレードは投資を代行してくれる秘書のようなものと述べましたが、実際に誰かを雇い、取引を代行してもらうとすれば、その人件費は莫大です。だからと言って自分ですべてやろうとすれば、その時間で本業に精を出して得られるはずだった利益を逸してしまいます。

そう考えると、投資専門の秘書を格安で雇うようなものだと思えば、ある程度の利用料を払ってもオートトレードツールを利用したほうが合理的、という見方もできるのではないでしょうか。

最近10年でのオートトレード情勢の変化

２０１２年を機に取引量が徐々に拡大

ここまで読んだ人は、「そんなにオートトレードにメリットが多いのなら、なぜ普及していないのか」と不思議に思うかもしれません。理由は、日本では投資人口が少ないこと、証券会社がオートトレードに前向きでないこと、株のオートトレードはシステム開発が難しいことなど、いくつかあります。しかし、徐々にではありますが、オートトレードの裾野は広がりつつあります。

弊社の『オートトレ』が誕生したのは２００６年、リーマンショックの前々年です。出だしこそ大変でしたが、各国の大規模な財政出動による株価回復やここが底値と判断した個人投資家の流入などもあり、ユーザーは順調に増えていきました。しかし、２０１

1年の東日本大震災をきっかけに、成長はピタリと止まります。実際、この時期は『オートレシリーズ』を通しての発注はゼロになりました。

しかし、その翌年の2012年にはカブドットコム証券にAPIを開放してもらい、また、2013年から本格化したアベノミクス相場もあって、『オートレシリーズ』は再び成長を始めました。取引量は順調に増え、2015年には、大阪証券取引所（大証）で取引された日経225先物のうち、約0・5％は『オートレ225』を含む弊社のシステムを通して注文されました。ちなみに、2017年4月～6月のカブドットコム証券の日経225先物取引の約8％（約定金額ベース）は、APIを経由して注文されています。

近い将来に転機が訪れる？

オートトレードのブレイクは時間の問題

オートトレードは、今がまさにその転機です。普及前夜と言ってもいいでしょう。その最大の要因は、先ほども述べたＡＰＩの開放です。金融業界自体がＡＰＩの開放を進めているので、証券業界にも波及するのは自然な流れです。さらに、社会的なトレンドとしての自動化も追い風です。機械にできることは機械に任せる社会は、今後、加速度的に広がっていくでしょう。

余談ですが、最近では「ＡＩの普及で淘汰《とうた》される職業」が話題になりましたが、そのなかには証券会社の株式トレーダーも含まれています。すでに、世界最大級の証券会社であるゴールドマン・サックスでは、２０００年頃までには米国・ニューヨーク本社に

600人いたトレーダーは、オートトレードの導入により、現在は2人しかいないと言われています。その代わり、オートトレードのプログラムを開発するエンジニアが全社員の3分の1を占めるようになったのだそうです。

まずはプロユースで普及が進み、やがて個人に下りてくるのは、どの業界でも共通です。そう考えると、個人投資家にオートトレードの波が届くのは時間の問題と言っていいでしょう。実際、国内で個人向けオートトレードツールを提供している会社はつい最近まで弊社だけでしたが、現在は他にも数社が参入してきました。競争が生まれれば市場は活性化し、普及も加速します。たった数社でも、大手と呼ばれるネット証券会社が10社に満たないことを考えれば、決して少なすぎるわけではありません。

その他には、今後、オートトレードで成功したカリスマ的な個人投資家が登場すれば、それをきっかけに、オートトレードを始める個人投資家は一気に増えると考えています。例えば、羽生結弦選手の存在が男子フィギュアスケートをメジャー競技に引き上げたように、一人のスーパースターが起爆剤となってオートトレードがブレイクすることは、十分にあり得ると言えるでしょう。

Column

投資格言

投資にはさまざまな格言があります。これらは、先人の経験則から生まれたもので、多くは、心理的な作用によって引き起こされがちな失敗を戒めるものです。なかにはオートトレードで投資ルールを設定するときに役立つものもあります。そこでここでは、いくつかの有名な格言を紹介していきます。箸休めのつもりで読んでみてください。

「人の行く裏に道あり花の山」

特に有名な格言のひとつ。簡単に言えば、「人よりも多く勝ちたいなら、他人とは反対のことをやれ」といったところでしょうか。例えば、大きな下げ相場で誰もが悲観一色のときほど、買いのチャンスがあるものです。世界の金融センターである米国のウォール街には、「人が売るときに買い、人が買うときには売れ」（Buy when others sell; Sell when others buy）という言葉があるそうですが、これも考え方としては同じです。

「買いたい弱気　売りたい強気」

買いたいときには「まだ下がるのでは」、売りたいときには「まだ上がるのでは」という希望的観測を持ってしまう心理を表した格言です。なぜ希望的観測が生まれるのでしょうか。そのヒントになるのが「高値おぼえ　安値おぼえ」という格言です。これは、過去に目当ての株を高値で売れた、また安値で買えた経験の記憶が強く、似たような値動きに期待しすぎてしまうことを言います。この点、オートトレードは人の心理にかかわらず、ルールに従い機械的に取引を行うのは、本編で述べた通り。オートトレードが普及すれば、この格言は過去のものになるかもしれません。

「天井三日　底百日」

相場には「コツコツドカン」という言葉もあるように、少しずつ上げていき、天井値をつけたと思ったら急落するという値動きがしばしば見られます。その後は、次の上昇まででまた長い横ばいが始まります。高値の期間は短く、底値の膠着《こうちゃく》相場は長いという経験則をうたった格言です。膠着相場では買いにくいという人もいるかもしれませんが、オートトレードなら、膠着相場でも値幅を取る売買ルールの設定が可能です。

「見切り千両」

買った株が下がり、「もう少ししたら値が戻るはず」と思っているうちにさらに下げてしまい、結果的に早い段階で売っておけばよかったと後悔したことは、投資経験があれば誰しもあるはずです。これを戒めたのがこの格言。本編で述べた通り、下がり始めた株を早い段階で見切って大損を回避することは、千両の価値があるという意味です。しかし、そう簡単に割り切れないが人間の心理。そこで、オートトレードのルールが生きてきます。ある金額になれば、自動で売られるルールで運用しておけば、誰もが「見切り千両」を実行できます。

「もうはまだなり　まだはもうなり」

これも最も有名な投資格言のひとつ。「〝もう〟底値だと思ったときには〝まだ〟下がるかもしれない。〝まだ〟下がると思ったときには〝もう〟底値かもしれない」という意味です。相場は投資家の心理通りには動かないことを端的に表しています。だからこそ、オートトレードが有効なのです。オートトレードは投資の手間を削減するだけでなく、欲や恐怖心といった心理に惑わされない投資を可能にします。

第3章

オートトレードが必要不可欠になる時代

将来への不安がジリジリと募っていく世の中

「一億総個人事業主時代」が来る

政府が推し進めている「働き方改革」。首相官邸のウェブサイトには「多様な働き方を可能とするとともに、中間層の厚みを増しつつ、格差の固定化を回避し、成長と分配の好循環を実現するため、働く人の立場・視点で取り組んでいきます」と記されています。これを実現すべくさまざまな施策が取られていますが、なかでも私が注目しているのは、副業・兼業への取り組みです。

今後政府は、「働き方改革実行計画」で方向性を示したあと、有識者会議などを設けて2017年中には、そのガイドラインを作成するとしています。では、副業・兼業が当たり前になり、多様な働き方が実現した先に何があるのか。私が常々話しているのは、

「一億総個人事業主時代」の到来です。

近代日本の歴史を見ると、サラリーマンとして企業に長期雇用されるという働き方は、ごく新しいスタイルであることがわかります。むしろ、多くの人々が個人事業主として生計を立てている時代のほうが長かったのです。例えば、明治初期、廃藩置県などで職を失った武士（士族）は、傘張りやわらじ編み、障子張りなどを生業として糊口《ここう》をしのいでいたと言います。

会社に雇われるサラリーマンが増え始めたのは、大正から昭和初期。高校や大学を卒業して、会社員として40年以上を勤め上げるというスタイルは、高度経済成長期に定着したもの。日本人の働き方の定番として捉えられがちなサラリーマン像ですが、むしろ、時代ごとに変遷していく働き方のひとつのバリエーションと見るほうが自然です。

高度成長期のモデルが通用しなくなる

やがて、このサラリーマンを中心とした働き方が主流でなくなる日が来るでしょう。

実際、現在は非正規雇用が増えてきている一方で、サラリーマンが過度に会社に依存するという傾向が見られ、今の働き方のゆがみが徐々に大きくなっている感があります。

ここ何十年かの間、日本人は大企業に就職することをよしとし、それが達成できれば、人生も安泰になると考えていました。サラリーマンとして、毎月必ず給料が受け取れる安心感があるからこそ、クルマや住宅の購入、子供の進学などにお金を使うことができました。また、企業側も家やクルマ、家電を売るなら、安定した収入があるサラリーマンにローンを組んでもらったほうが安心です。

政府としても、国民がサラリーマンとして企業に勤めているほうが税金を取りはぐれない。さまざまな要因が絡まって、今のシステムが構築されました。実際、高度経済成長期には、そのモデルがうまく機能していたのは確かです。

しかし、ご存じの通り時代は変わってきています。ニーズは細分化され、消費者はより速いサイクルで新しいものを求めるようになり、企業も苦労しています。今や、日本を代表する大企業ですら経営難に陥る時代となってしまいました。寄らば大樹の陰は過去の話。企業が雇用を支えられなくなるケースも増えてくるでしょう。

そうなれば、現代のサラリーマンにも、藩が廃止されるなどして転職を余儀なくされた武士と同じような状況が発生します。近い将来、個人事業主という働き方が再びメジャーなものになる日、すなわち「一億総個人事業主時代」が来ると私はみています。

金融リテラシーの向上が急務

もちろん、サラリーマンという働き方がなくなるわけではありませんが、企業に所属して勤め上げたとしても、安泰とは言えなくなるのは間違いないでしょう。今後、リタイア後の高齢者を支える社会保障システムはいっそう厳しさを増していきます。人口減少によって、稼ぎ手である現役世代が減るのだから当然のことです。

年金額の減少やその支給年齢の引き上げも議論されています。その先の時代には、リタイア後も働けるうちは働く必要が出てくるでしょう。高齢者を雇ってくれる企業が十分にあればいいのですが、そうでなければ自助努力でお金を稼ぐしかありません。必然的に、個人事業主にならざるを得ないケースも出てくるはずです。

一方で、ＩＴの発達により個人でもできるビジネスのチャンスは広がってきています。私のように、脱サラして能動的に個人事業主を選ぶ人も増えていくはずです。

いずれのケースにしても、個人事業主を選択する際に、先立つものがあれば気がラクです。サラリーマンと違って安定的に入ってくる給与がない個人事業主には、それに代わるものがあれば大きな安心につながります。私の場合は、それが投資でした。本業で稼ぎつつ、投資によって得た収入でライフイベントごとにかかる出費をまかなうことを目標としました。

投資はやればやるほど勉強になるので、加齢のために本業を続けられなくなり、本格的に投資一本で稼ぐしかなくなったときにも役立ちます。投資の代わりに副業を選んでもいいでしょう。もちろん、本業、投資、副業の三輪車のほうが、収入がより安定するのは言うまでもありません。

では、投資を第二の収入源にするためには、何が必要でしょうか。それは金融リテラシーです。残念ながら日本は、諸外国に比べて投資教育が浸透していません。お金の話をするのは品がないという思想や、「お金は額に汗して働いた対価」と考える文化があるからでしょう。当然ながら、投資教育がなされないことには金融リテラシーは向上しません。結果的に、わが国では投資と投機がほぼ同意義で使われ、「自分には難しい」あるいは「だまされそう」といったイメージが根強く持たれています。

しかし、ほんの少しずつではありますが、こういった風潮に変化が表れ始めました。例えば、最近まで投資を題材にした『インベスターZ』（三田紀房作／講談社）という漫画がメジャーな週刊誌で連載されていました。投資教育と言っても堅苦しく考える必要はなく、例えば『SLAM DUNK』（井上雄彦作／集英社）でバスケットボールがブームになったように、カジュアルな形で投資への興味が高まり、結果として金融リテラシーが向上するのもいいことだと思います。

そうして金融リテラシーを高めた若い世代が社会に出始めたら、投資環境は変わっていくでしょう。その結果、投資が2本目の収入の柱として機能して、生活に安心感を与えてくれるようになれば理想的です。

もっとお金に効率よく働いてもらうには

「お金がお金を生み出す仕組み」を利用する

資本主義経済は、いわば「お金がお金を生み出す仕組み」です。それは、日本では2014年の年末に発売され、経済書としては異例のヒットとなった『21世紀の資本』（トマ・ピケティ著／みすず書房）にも記されています。「資本収益率（r）＞経済成長率（g）」という式が有名になったので、知っている人も多いでしょう。

資本収益率とは、株の配当金や利息、不動産物件の賃貸収入など資本から得られる所得のこと。経済成長率は給与所得などを基に算出しています。著者であるピケティ氏は第一次世界大戦後からのデータを分析し、「歴史的に見た資本収益率は平均で年に約5％だが、先進国の経済成長率は約1～2％」という事実を立証しました。

これは、簡単に言えば「富む者はますます富み、貧富の差は広がる」ということ。資本主義経済とは、まさにお金を持っている人のほうがお金を儲けやすい仕組みなのです。言い換えれば、お金を持っていたらそれを資本として投資を行ったほうが、より多くのお金を得られることになります。

この仕組みの恩恵を最大限享受するためには、「お金に働いてもらう」必要があります。これを「フロー収入」と「ストック収入」という観点からわかりやすく解説して大ヒットした本が『金持ち父さん 貧乏父さん』（ロバート・キヨサキ著／筑摩書房）です。

いかにしてストック収入を得るか

フロー収入とは給与所得のことです。これを上げるためには、労働時間を増やす、単価を上げるという方法があります。例えば、1日の単価が1万円の場合、月に20日、12カ月間働くと、年収は240万円になります。これを1日の単価を5万円まで引き上げて、なおかつ月に25日、12カ月間働けば、年収は1500万円になります。極端な例ではありますが、職種によってはそれも不可能ではないでしょう。

しかし、同書ではフロー収入をいくら増やしても悠々自適にはなれないとしています。なぜなら、仕事を休んだり辞めたりすると、たちまち収入がなくなるから。つまり、収入を維持するためには馬車馬のように働き続けなければならないのです。

一方、ストック収入は資本から得られる所得のことを指します。所得を生み出す現場に自分がおらず、別の場所で他のことをしていてもお金が入ってくる稼ぎ方です（**図5**）。最もわかりやすいのは銀行預金の利息。ただし、現在の普通預金の利息は年0・001％程度。あまりに低すぎて、これを収入にカウントする人はいないでしょう。

ほかには、株などの配当益や土地や不動産の賃貸収入もストック収入にあたります。

これこそ「お金に働いてもらう」ことであり、個人事業主にとって非常に重要なのです。

オートトレードは弱者の武器

私が個人事業主をしていたときは、2本目の収入の柱として投資を選びました。スト

図5　フロー収入とストック収入

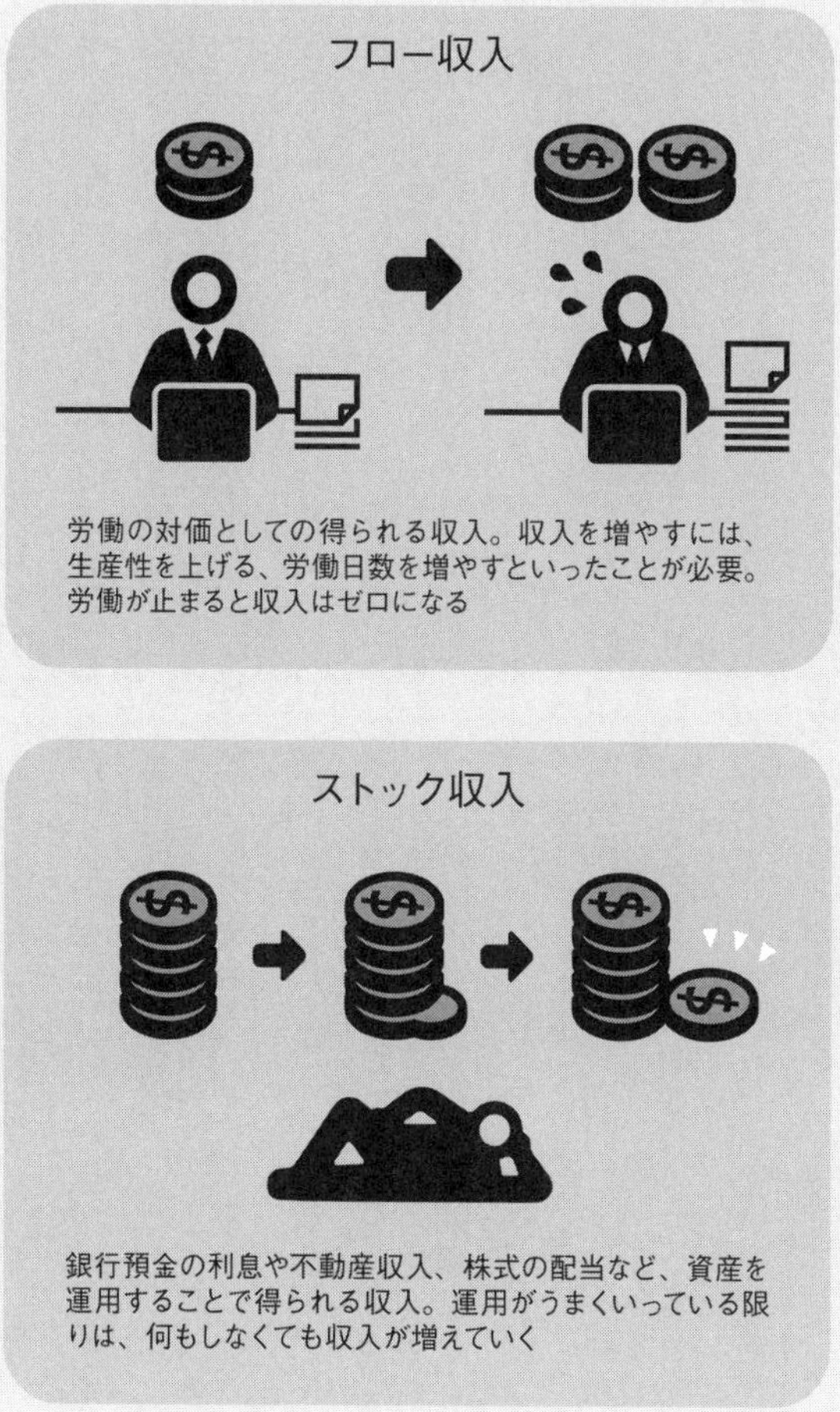
フロー収入
労働の対価としての得られる収入。収入を増やすには、生産性を上げる、労働日数を増やすといったことが必要。労働が止まると収入はゼロになる
ストック収入
銀行預金の利息や不動産収入、株式の配当など、資産を運用することで得られる収入。運用がうまくいっている限りは、何もしなくても収入が増えていく

ック収入は元手が大きければ大きいほど収入も増える仕組みですが、誰しもが資産を持っているわけではありません。私自身も少ない元手で始めざるを得ませんでした。しかも、大資本家と違って、長期保有で悠長に利益が出るのを待つような運用は望めません。そこで、細かい利益を日々積み重ねるために短期売買を始めました。

けれども、毎日自分の手を動かす短期投資では、取引をストップした途端に収入はゼロになってしまいます。これでは結局、フロー収入と同じことです。それを解消する手段として、私はオートトレードを導入しました。オートトレードを利用すれば、自らが手を動かさなくても売買を行うことが可能です。これはストック収入の部類に入ると言っていいでしょう。

長い間、ストック収入は資本家階級の特権で、労働者階級は、このストック収入にどうやってもたどり着くことができませんでした。大きな元手が必要だったからです。現在はITを利用すれば、簡単に小さなストック収入を生み出すことができます。それを土台にして、ストック収入を徐々に大きくしていくことができれば、誰もが第二の収入の柱を持つことが可能です。その意味で、オートトレードは弱者の武器なのです。

投資を第二の収入源にするために

「短期投資は手間がかかる」が過去のものに

元手が少ない状態で投資を第二の収入の柱にするために、オートトレードは非常に優秀なツールです。その強みについて、もう少し詳しく説明していきましょう。

経験のある人ならわかると思いますが、デイトレードに代表される短期投資というのは非常に面倒です。まず、テクニカルチャートを分析して株価が上がりそうな銘柄を選定し、購入したらチャートを監視しながら、上がったタイミングで売却する――という手順を何度も踏まなければならないため、非常に時間と手間がかかります。

私などは、購入後は株価が気になり、常にスマートフォンやパソコンでチェックしてしまい、本業に差し障りが出た時期もありました。また、「まだ下がるかも」「まだ上がるかも」という希望的観測から売買のタイミングを逃し、利益につなげられなかったというのもよくあるパターンです。投資は、人間の手を介すると、面倒だし手間がかかります。しかし見方を変えれば、面倒で手間がかかることは、自動化によっていずれ改善されるとも考えられます。

あらゆる技術は、人間の面倒や手間をなくすことを目的として発展してきた側面があります。わかりやすい事例は、ビジネスシーンでの自動化でしょう。例えば、キリンビールの神戸工場は、350㎖缶のビールを1分間に2000本製造できるラインを持っていますが、工場内に人の姿はほとんどありません。たった数人の人員で回しているそうです。

工場だけではありません。建築会社の鹿島建設は、建設機械の自動化技術による次世代の建設生産システムを開発し、振動ローラーとブルドーザーの自動施工を実現しています。また、農業分野でも自動化は進んでおり、クボタは有人監視下において耕運や田植え、刈り取りなどを無人で行うトラクターを発表しています。

同様に、オフィスにも自動化の波は押し寄せています。リコージャパンは、定型業務

キリンビール神戸工場の製造ライン。毎分2000本もの缶ビール（350㎖）の製造が可能だという（写真提供／キリン）

の自動化を本格展開。データ集計や入力、照合といったバックオフィス業務をロボットに代行させ、55〜85%の工数削減を実現しました。２０１６年12月から本番運用を開始し、２０１７年４月から対象業務を順次拡大、２０２０年までに全社での活用を計画していると言います。

オートトレードが働き方を変える⁉

これらの事例をファクトリーオートメーション、またはオフィスオートメーションとするなら、次は家庭内の自動化、言うなればホームオートメーションの時代です。これは今に始まったことではなく、家事労働を軽減させるために日本の家電メーカーが取り組んできた製品開発は、ホームオートメーションの走りと言っていいでしょう。

例えば洗濯。今では洗濯から乾燥までボタンひとつは当たり前です。お風呂もボタンひとつで適温のお湯を湯船に張ることができます。オーブンレンジでは、食材を入れてレシピボタンを押せば調理が完了する機種も珍しくありません。掃除もほうきから掃除機へ、そしてお掃除ロボットへと進化しました。掃除と言えば、自動清掃機能を搭載したエアコンや便器なども発売されています。普段意識していないだけで、家庭は自動化によって確実に進化してきたのです。

では、自動化によって生まれた時間は何を生み出したのか。その答えのひとつが、女性の社会進出です。少し前の資料ですが、２００５年版の『男女共同参画白書』には、次のような記述があります。

主に家事を行ってきた女性の家事時間は昭和35（１９６０）年以後減少傾向にある。その要因としては、この時期、電気冷蔵庫、電気洗濯機、電気掃除機などの普及率が非常に高くなり、それまで専ら人手によって賄われてきた家事を機械が代行するようになったことがあると考えられる。昭和45年以後の減少傾向についても新たに普及した電子レンジや冷凍冷蔵庫なども含めた家電製品の普及の他、外食産業の発達や、インスタント食品、冷凍食品の普及などの影響が考えられる。これらの製品やサービスの開発には、科学技術の発展が大きく寄与しており、これらの技術の発展が、女性の家事時間を減少させ、女性の社会進出に貢献したと考えられる。

自動化が進めば社会の構造そのものが変わるという、よい事例ではないでしょうか。先ほど、「個人事業主が増える社会になり、その働き方にはオートトレードが助けになる」という趣旨のことを書きました。鶏が先か卵が先かのような話ですが、逆にオートトレードの普及によって働き方自体が変化し、個人事業主にチャレンジする人が増えるようになるかもしれません。

さすがに、社会の構造に変化を与えるほどにオートトレードが普及するのはもう少し先の話でしょう。しかし、少なくとも個人の生活レベルでは、今すぐにでも大きな変化を起こすことができます。

オートトレードで得られるものとは

ストック収入以外のメリットも大きい

オートトレードを始めて最初に感じる変化は、収入の増加ではありません。まず、時間と心に余裕が生まれます。お金はそのあとについてくると考えてください。時間に余裕が生まれるのは、これまでも書いた通り。自ら手を動かさなくても、設定した投資ルールに基づいて、オートトレードツールが自動で取引をしてくれるからです。

そこで生まれた時間で本業を充実させてもいいのですが、個人的には、まずは趣味や夫婦の時間などに充ててほしいと思っています。今後、自動化の流れはいっそう進んでいくでしょう。だからこそ私は、人間にしかできないこと、例えば、音楽や運動、創作活動などに時間を費やしたいと思っています。

余談ながら、私はオートトレードによってできた時間で社交ダンスを始めたのですが、これが楽しくて仕方ありません。このような人生の楽しみ方は、第2章でも述べましたが、私が以前に働いていたオムロン創業者の経営哲学「機械にできることは機械にまかせ、人間はより創造的な分野での活動を楽しむべきである」から学んだものです。

投資の勉強のための時間も確保

プライベートを充実させたら、その次は投資の勉強に時間を振り分けてほしいと思います。皆さんは「1万時間の法則」をご存じでしょうか。これは、ノンフィクションライターであるマルコム・グラッドウェル氏の著書『天才! 成功する人々の法則』(講談社)で紹介されて有名になった法則で、「ある分野で一流になるためのひとつの目安として、1万時間の修練が必要」とする説です。

投資にあてはめてみると、1日5時間、相場の状況を確認したりチャートとにらめっこしたりしながらテクニカル指標の分析をした場合、2000日(約5年半)かかる計算です。オートトレードを用いれば、常にチャートを監視する必要はありません。最終的な取引内容を確認して、そのときの相場状況やテクニカル指標と照らし合わせ、自分の運用ルールがきちんと機能しているかどうかを確認するだけで、5時間分と同じくらいの効果が得られます。つまり、オートトレードで生まれた時間を使って、より効率的に投資スキルを高めることができるのです。投資スキルが上がれば、それだけ早く収入を増やすことも可能になります。

投資に振り回されないためのオートトレード

心の余裕とは、投資に振り回されないということです。株でもFXでも、ポジションを持つと、どうしても値動きが気になってしまうものです。システムトレードで売る金額、買う金額を決めていても、自分が想定している値段になっているかどうか、仕事中でも確認してしまうといった経験は、誰しもあるでしょう。私の知り合いには、FXで月に100万円以上稼いでいたのに、常に値動きが気になるプレッシャーに耐え切れず、取引から身を引いた人もいるほどです。いくら収益が上がっても、投資に振り回されていては、フロー収入と大差ないものになってしまいます。

その点、オートトレードなら、自分が設定したルールに基づいて、買いたい金額、売りたい金額になった時点で、自動的に売買が進みます。いわば、伝えた投資方針に従って着々とトレードを進めてくれる秘書のようなもの。伝えた方針に逆らうこともなければ、ミスすることもないので安心です。機械的に投資を行うことによって、振り回されることがなくなり、心の余裕を保てるようになるのです。

オートトレードは豊かさをもたらし得る仕組み

繰り返し述べるように、私がオートトレードを普及させたいのは、単純に儲けてほしい、資産を増やしてほしいといった理由からではありません。一定のリスクを取りながら2本目の収入の柱を手に入れることは、その人の人生を豊かにしてくれる可能性があります。お金に余裕ができることで人々が余暇を楽しめるようになり、また、新しいことにチャレンジしようと思ってくれたらうれしいからです。

工場、オフィス、家庭に浸透したさまざまな自動化が、社会や人々の生活を便利にしたように、オートトレードも人生を豊かにしてくれる仕組みとして浸透してほしいと考えています。

Column

テクニカル分析

オートトレードを活用するためには、移動平均線、株価チャートなど、株価データのパターンを基にして相場の先行きを予測するテクニカル分析が必要になります。そこで、有名なテクニカル指標をいくつか紹介しましょう。

移動平均線

過去の一定期間（日足の場合は5日、25日、75日、200日。週足の場合は13週、26週、39週、52週が一般的）の株価の終値を時系列で結んだものです。この移動平均線を基に、他のテクニカル指標も算出されます。

四本値

テクニカル分析の基本のキで、ある期間の始値、高値、安値、終値のことを指します。

ローソク足

四本値をひとつの形で表したものです。値上がり（陽線）・値下がり（陰線）を表す長方形部分と高値、安値からの値幅を示す線（ヒゲ）部分から形成されます。分、日、週、月、年の値によって、分足、日足、週足、月足、年足に分けることができます。

一目均衡表

ローソク足と5本の線（基準線、転換線、先行スパン1、先行スパン2、遅行スパン）から構成されるグラフです。先行スパン1・2に囲まれた部分は「雲」と呼ばれる抵抗帯となり、この雲に対するローソク足の位置などから株価の動きを予測します。ちなみに、一目均衡表は株式評論家の一目山人（細田悟一氏）が生み出した日本発のテクニカル指標です。

ボリンジャーバンド

移動平均線に対して、「±1σ《シグマ》」「±2σ」「±3σ」といった上下2本の標準偏差の変動幅を書き加えて線でつなぎます。統計学では、株価の変動の95・5%はこの標準偏差2倍の上下の線の内側に入るとされており、これを利用して売買を行います。ローソク足が上側の線に近づけば、それ以上は上がらないので売り、逆に下側の線に近づけば、それ以下には下がらないので買い、といった判断に使われます。

MACD《マックディー》

テクニカル分析に詳しくなければ、読み方すらわからない用語かもしれません。「Moving Average Convergence and Divergence」の頭文字を取ったもので、日本語では「移動平均収束拡散法」と呼ばれています。移動平均線を応用した2つの線を用いて個別銘柄のトレンドを判断します。底値圏でMACDがシグナルを上抜けしたら買いのサイン、高値圏でMACDがシグナルを下抜けした場合は売りのサインとして活用します。

テクニカル分析には、ほかにも「ストキャスティクス」や「RSI」などさまざまなものがあります。「こんなのを全部勉強するのは大変だな」と感じるかもしれません。しかし、最初から全部を覚える必要はないのです。意外かもしれませんが、『オートレシリーズ』で一番多く使われているテクニカル指標は、最も基本的な「四本値」です。

人は新しいものを知ると試したくなるもの。テクニカル指標も同じで、知れば賢くなった気になって使いたくなります。しかし、生兵法は大けがのもとです。安定を求めるなら、古くから使われている指標を活用することをお勧めします。

四本値から生まれたローソク足は、江戸時代の米相場に起源を持ちます。もちろん、現在でもテクニカル分析の基礎中の基礎であり、使っている人も多い指標です。チャートの向こう側には人がいて、その人々の心理で相場は動きます。だからこそ、みんなが見ている指標を基にルールを考えるのがいいかもしれません。

第4章

今すぐ始められるオートトレード

早く始めたほうがいい理由

投資リテラシーが早く身につく

国による「貯蓄から資産形成へ」の推進や、若い世代が抱える将来不安への対策として、今後、投資が普及していくのは間違いないでしょう。そこに、あらゆる作業が自動化していく社会の趨勢《すうせい》がリンクして、オートトレードが一般的になっていくという話は、前章で述べた通りです。

「じゃあ、みんなが始めたら自分も始めようかな」と考える人もいるかもしれませんが、それは間違いです。オートトレードは、早く始めるに越したことはありません。大きな理由は2つあります。

ひとつは、早く始めたほうがそれだけ早く投資リテラシーが身につくからという理由です。オートトレードには大きく分けて２つの種類があることは第1章で説明しました。「投資ルールを自分で考えて、売買発注をプログラムで行う」タイプと、「投資ルールを自分で考えず、売買発注をプログラムで行う」タイプです。経験を重ねることによって投資リテラシーが上がるのは、もちろん前者。銘柄を選ぶルールや売買のルールなどを自らの頭で考える必要があるので、必然的にチャートの見方やテクニカル指標などを勉強することになり、おのずと投資リテラシーが向上するというわけです。

複利効果も期待できる

もうひとつの理由は、早く始めれば始めるほど、複利効果が得られるということです。複利効果とは、元金と元金についた利息の合計額にさらに利息がついていくこと。つまり、資産が雪だるま式に増えていくことを指します。かのアインシュタインも「人類最大の発明は複利だ」という言葉を残したと言われています。例えば、１００万円の元手を年利５％で20年間運用したとします。このときの運用益は、単利（元金にだけ利子がつく）なら100万円。一方、複利では165万3298円になります。複利の場合、利子がつく元金は時間経過とともに増えるので、25年、30年と時間が経過するごとに、単利との差は開いていきます。もし、25歳で投資を始めて、40年間複利を活用しながら運用すれば、それだけで老後資金の大きな助けになることでしょう。

もちろん、投資リテラシーの蓄積や複利は、オートトレードを使わずに普通に投資していても実現できます。しかし、前章でも述べたように、オートトレードと比較すると、自らが手を動かす投資は効率が悪いのです。これは、実際に体験してみないとわからないかもしれません。

体験することで理解できるいい例があります。2016年に発表された日産自動車の『セレナ』というクルマは、高速道路での単調な渋滞走行と長時間の巡航走行において、ドライバーに代わってアクセル、ブレーキ、ステアリングを自動で制御する「プロパイロット」というシステムを搭載しています。

このクルマを購入した人に話を聞いたところ、「慣れてしまったら、以前の運転には戻れない。渋滞時に細かくハンドルやアクセル、ブレーキを動かすのが、どれだけ面倒なことか痛感した」と言っていました。全自動洗濯乾燥機や食器洗い乾燥機などを使用した人の感想も同様でしょう。オートトレードもこの感覚と同じで、実際に体験して初めてその便利さがわかるものなのです。

オートトレードでどうやって勝つか

大負けせずに小さい勝ちの積み上げを目指す

ここで改めて、オートトレードの特徴をおさらいしておきましょう。最大の特徴は、文字通り、自動で売買を行ってくれること。売買に関するルールを決めて入力さえしておけば、そのあとは自分が別の場所で別のことをしていても、着々と売買が進みます。自分が作ったルール通りに進むので、値動きに過度に気を取られることもなく、本業がおろそかになることもありません。

あとは、1日の終わりや週の終わりに売買結果を振り返り、ルールが機能しているかどうかを確認すればOK。うまく利益が出ていないようなら、ルールのどこに問題があるかをチェックし、設定を見直したうえで次回の運用に臨みます。それを繰り返すことで、運用ルールの精度を高めていくことが投資家の主な仕事となります。

また、オートトレードでは投資の基本である「安く買って高く売る」を細かく繰り返すことが容易なので、小さい利益を積み重ねることが期待できます。

もちろん、相場なので思わぬ方向に値が動くこともあります。その場合も、あらかじめ損切りのルールさえ設定しておけば、大負けを避けられるのも特徴です。

もうひとつ、取引に感情を挟む余地がないことも特徴のひとつです。「もっと上がるかも」「もっと下がるかも」という希望的観測や思い込みに影響されずに、淡々と取引を遂行できるのは、プログラムだからこその強みと言えるでしょう。

飛行機のオートパイロットと同じ!?

少し話がそれますが、現代の飛行機は、離着陸と緊急時の対応以外は、基本的にパイロットが入力した経路・高度・速度に従って、オートパイロット（自動操縦）で航行しています。オートパイロットが導入され始めたのは１９９０年代に入ってからと言われていますが、2000年代以降、飛行機の全損事故件数は大幅に減少しているそうです。飛行機に関して技術革新が進んでいるのはオートパイロットだけではないので一概には言えませんが、少なくとも、事故が減った理由のひとつにオートパイロットの普及があるのは間違いないでしょう。

飛行機の操縦は完全自動化ではありません。データの入力や最終的な判断はパイロットに責任があります。いわば、機械と人が協力して、リスクを減らしつつメリットを享受しているわけです。なんだか、オートトレードの考え方に似ていると思うのは、私だけでしょうか。

オートトレードは短期投資向き？長期投資向き？

売買頻度の高いデイトレードに適している

株の投資にもさまざまなスタイルがあります。ここでは、オートトレードがどのような投資方法に向いているのかを考えてみましょう。

まずは取引形態について。最初に、向いていない取引形態から話をします。これまでの記述から予想がつくかもしれませんが、オートトレードは年単位でポジションを持ち、配当益などを得る長期投資には向いていません。理由は、長期投資ではそもそも取引の回数が少ないため、オートトレードによる自動化の恩恵があまり感じられないからです。

同様の理由で、数日から数週間の単位でポジションを持つスイングトレードも、オートトレードで取引をしても効果は薄いでしょう。ただし、株の投資をしていて、保有している銘柄数が多い場合は、売買入力の手間を省くことは可能です。また、損切りのルールを設定しておくことで、予想外の事態でも損失を最小限に抑えるという使い方は有効と言えます。

オートトレードが最も向いているのは、1日に何度も売買を行うデイトレードです。オートトレードは、安く買って高く売るという投資の基本を、設定したルールに基づいてプログラムが実行する仕組み。株も通貨も、右肩上がりの直線で価格が上がることはありません。下がって上がるを繰り返しながら、徐々に値を動かしていきます。この下がって上がる波にうまく乗ることで利益を出すのが投資です。できるだけたくさんの波に乗るなら、長期投資よりスイングトレード、スイングトレードよりデイトレードのほうがチャンスが多いことは言うまでもありません。

具体的に、株のデイトレードでオートトレードを利用するケースを想像してみましょう。まず、朝9時の寄り付き前にルールを入力しておきます。寄り付きとともにルールに基づく取引が自動で始まり、そのルールで売買が繰り返されます。その後、15時の大引け直前に自動決済でポジションを整理。そして15時以降は人の出番です。その日の取引を確認して検証し、ルールを微調整しながら次の日の戦略を考えます。

フラッシュトレードには不向き

ちなみに、デイトレードよりも短い間隔、数秒～数分間での取引を繰り返す方式を「スキャルピングトレード」と呼びます。さらに、これを究極まで突き詰めたのが、HFT（高頻度売買）、俗に言う「フラッシュトレード」です。この投資スタイルで、過去5年間の取引で負けた日が1日しかなかった投資会社が現れるなどして、大きな話題になったのでご存じの人も多いでしょう。

その仕組みや方法は、マイケル・ルイス氏の著書『フラッシュ・ボーイズ 10億分の1秒の男たち』（文藝春秋）で有名になりましたが、そのなかでは、いかに一般投資家をカモにしているかが語られました。HFTを行う会社は、処理速度がとてつもなく速いコンピューターを何台も準備し、取引所のサーバーが設置してある建物、しかも同じフロアに自社のサーバーを設置して、ナノ秒（10億分の1秒）の単位でアクセス速度を短縮しています。これは、大規模かつ高額なシステムを用意できる機関投資家だから可能な力技です。

先ほど、オートトレードは取引回数が多い投資形態に向いていると述べましたが、さすがにここまでくると個人の力ではとうてい太刀打ちできません。やろうと思っている人はあまりいないかもしれませんが、オートトレードによるスキャルピングトレード・フラッシュトレードはお勧めしないことをあえて申し添えておきます。

オートトレードが向いている投資商品

株・FX・日経225先物との相性は？

次に、オートトレードに向いている投資商品です。現在、日本でオートトレードが可能な商品は「株」「FX」「日経225先物」の3つ。投資経験者にとっては釈迦に説法かもしれませんが、これらの商品についてひと通り説明しましょう。

株式市場は9時～15時に開いており、東証に上場している株なら、一部、二部、マザーズ、ジャスダックを合わせた約3500銘柄が取引可能です。ちなみに、「株」のなかにはETF（上場投資信託）も含まれるので、実質的には金や石油などの資源に投資することもできます。

FXはほぼ24時間の取引が可能で、米ドル、英ポンド、ユーロ、円といった外国通貨を売買し、その差額で利益を得ます。現在はＦＸ業者の口座に預けた証拠金の25倍までレバレッジをかけることができるので、少ない資産で比較的大きな取引が可能です。もちろん、レバレッジを大きくかけるほど、そのぶんリスクも大きくなります。

日経２２５先物とは、日経平均株価を原資産として派生した商品で、デリバティブ（金融派生商品）と呼ばれます。ある時点での日経平均株価を予想して、上がると考えた場合は買い、下がると考えた場合は売りの取引を行います。予想通り上がった／下がった時点で、その反対の売買を行うことで差額を利益とする取引です。ＦＸと同じく証券会社の口座に証拠金を預けておき、その額に基づいて取引できる数量が決まります。

証拠金の額は、ＳＰＡＮ証拠金額という日本証券クリアリング機構が採用する証拠金額基準を基に割合を掛け合わせて、各証券会社が独自に設定します。例えば、ＳＰＡＮ証拠金額に対して１・０倍よりも１・５倍の証券会社のほうが、トレーダーは多くの証拠金を準備する必要があるわけです。日経２２５先物もＦＸと同じく、レバレッジを利かせることで少ない資産で比較的大きな取引が可能です。

これまでやっていた投資の延長でOK

　それでは、この3つのうちでどの商品がよりオートトレードに向いているでしょうか。私は大差はないと思います。そもそも、オートトレードのルールはテクニカル分析に基づいて作成します。株もFXも日経225先物も、テクニカル分析に大きな差はありません。あとは通常の投資と同じく好みの問題なので、これまで株を取引していた人は株で、FXを取引していた人はFXで、オートトレードを導入してみるのがいちばんなじみやすいのではないでしょうか。

　ただし、株の場合は、テクニカル分析以外にも、企業の不祥事や新開発された技術・製品などの要因で、価格が大きく変動することが珍しくありません。また、FXは主に米ドル、英ポンド、ユーロ、円を組み合わせた6パターン、日経225先物は日経平均株価だけと、選択肢が少ないのに対して、株は東証一部上場企業だけでも約2000社、東証に上場している全銘柄数は約3500に上ります。このなかから売買する会社を探すのは大変です。株の投資にはそういった特性があり、それが株のオートトレードがなかなか普及しない理由にもなっています。

それでは、実績はどうでしょうか。数字だけを見ると、オートトレードは日経225先物で活発に利用されています。弊社が個人投資家に向けて提供している『オートトレシリーズ』では、日経225先物を売買する『オートトレ225』が大半を占めています。

これは、低予算でもレバレッジを利かせて取引ができることや、日経平均株価だけを分析すればいいのでルール作りが簡単ということが理由でしょう。FXもレバレッジを利かせられますし、ルール作りも複雑ではないという点では共通ですが、コアなトレーダーは『MT4』を使っているようです。

Column

レバレッジ

本章のなかで、ＦＸでオートトレードが広まった理由のひとつとして「レバレッジ」の存在を挙げました。レバレッジとは、「てこの力」を意味する「leverage」からきており、投資の世界では、元手を担保にして何倍もの取引を行うことを指します。つまり、少ない資金で大きな投資効果を得られるというわけです。ただし、商品価格が下落したときには、そのぶん損失も大きくなるので注意が必要です。

代表的なレバレッジ取引には、信用取引、日経２２５先物取引、ＦＸ取引などがあります。なかでも、ＦＸは２０１０年以前には日本ではレバレッジ規制がなく、元手の何百倍もの取引が可能でした。それによりＦＸは広く普及したのですが、一獲千金を狙って取引に参加して、大成功を収める人が出た半面、破産してしまった人も多かったようです。

そういったこともあり、現在では個人口座のＦＸのレバレッジは25倍までと決められています。また、信用取引は法令上の最低委託保証金率は30％と決まっているので、約３倍のレバレッジがかけられることとなります。

日経225先物のレバレッジは少し複雑です。日本取引所グループが公開しているSPAN証拠金額を基に、各証券会社が定めた割合を掛け合わせた数字が、必要な証拠金になります。例えば、カブドットコム証券なら、SPAN証拠金×100％が証拠金となります（証券会社によっては100％を超えることもある）。2017年7月10日時点のSPAN証拠金は66万円なので、カブドットコム証券なら、66万円の証拠金で日経225先物1枚の取引が可能です。

なお、「枚」とは日経225先物の取引量を表す単位。1枚＝1000なので、日経平均が2万円なら、1枚は2000万円となります。つまり、66万円の証拠金で2000万円分の取引ができるわけです。このとき、レバレッジは2000万円÷66万円なので、約30倍ということになります。FXの25倍よりも高いレバレッジですね。

ちなみに、日経225先物の証拠金が高すぎるという人向けに、『日経225mini』という金融商品もあります。1枚＝100と日経225先物の10分の1なので、証拠金も10分の1。つまり、6万6000円を証拠金として200万円（日経平均が2万円の場合）の取引が可能です。

現在『オートレ』でできること

『オートレシリーズ』の使い勝手

オートトレードは、取引形態としてはデイトレードが向いており、投資商品では、株・FX・日経225先物のすべてにおいて使用できることを説明しました。その気になれば、今すぐオートトレードを始めることは可能なのです。にもかかわらず、第1章でも述べたように、今のところ日本ではオートトレードそのものの認知度が低く、普及していません。その理由のひとつは、従来のトレードツールの使い勝手にあります。

オートトレードツールである『MT4』や『トレードステーション』は、使いこなすにはプログラミングの知識が必要なため、コアな投資家しか利用していません。そこで私は、日本初のクラウド型オートトレードツール『オートレシリーズ』ではプルダウンメニューで選ぶだけで簡単にルール設定ができるようにしました。これくらい簡単で誰でも使えるツールでなければ、一般投資家にオートトレードが普及することはないと思ったからです。

とはいえ、いくらルールの入力が簡単でも、設定可能な内容が貧弱では意味がありません。『オートレシリーズ』では、買いと売りの条件を合わせて１００個まで、それぞれのルールの条件式は20個まで登録できます。使い方は簡単でも、多様な設定ができることが重要なのです。では、『オートレシリーズ』で具体的にどのようなことができるのかを説明しましょう。

どんなルールを設定できるのか

最も単純なのは、「購入」「利益確定」「損切り」の値を同時に設定するルール入力です。例えば、「１００円で買い、１０３円で利益確定、95円で損切りする」といった条件を、一連のルールとして登録できます。ただし、ここまでは証券会社のトレードツールでも可能。証券会社のトレードツールにない部分では、利益確定と損切りの条件にあてはまらなかった場合、時刻を指定して売ることもできます。週末やイベント前など、ポジションを持ち越したくないときに有効なルールです。

少し上級になれば、「寄り付きで購入して、始値に対して１００円上がったら売る」や「建値プラス50円」「建値マイナス20円」といった設定ができます。私がオートトレードを始めた当初は、「寄り付きで前日終値から２％以上値が下がった株をスクリーニングして購入し、そこから１％上がったら売る」というルールで取引をしていました。テクニカル分析を勉強している人なら、移動平均線・四本値・ＭＡＣＤ・ストキャスティクス・ボリンジャーバンド・ＲＳＩなどの指標が特定の条件を満たした時点で、買いや売り、利益確定、損切りを実行するといったルールを作ることもできます。

ミラートレードについて詳しく知る

プロ投資家のルールを利用するミラートレード

オートトレードには、「投資ルールを自分で考えて、売買発注をプログラムで行う」タイプと「投資ルールを自分で考えず、売買発注をプログラムで行う」タイプの2種類があることは、繰り返し述べてきました。前述したようなルール設定は、「投資ルールを自分で考えて、売買発注をプログラムで行う」ものです。では、「投資ルールを自分で考えず、発注をプログラムで行う」、いわゆるミラートレードを行う場合は、どのような手順を踏むのでしょうか。

第1章で述べたように、ミラートレードには3つの種類があります。ひとつ目は、プロの投資家（トレーダー）のルールを模した「ルール公開型」のプログラムを購入して、自分のオートトレードツールにインストールするタイプ。２つ目は、同様に「ルール非公開型」のプログラムを購入するタイプ。３つ目は、契約した投資助言業者から受けたシグナルをトリガーにしてオートトレードを行うタイプです。

プロの投資家のルールを模したプログラムとは、移動平均線・四本値・ＭＡＣＤ・ストキャスティクス・ボリンジャーバンドなどから、「勝てる」と思われる法則を導き出し、ルールとして設定したものです。非公開型も基本的にこれと同様ですが、ルールが暗号化されているために内容を確かめるすべがありません。他人が作成したルールに依存して運用する方式です。

ちなみに、プログラムはルール公開型のほうが非公開型よりも高額ですが、購入してルールの設定方法を研究すれば、テクニカル分析の勉強にもなります。例えば、移動平均線と現在値の乖離《かいり》から投資ルールを決めるプログラムがありますが、まずは、このようなプログラムを購入して勉強し、慣れたら自分なりにカスタマイズするといった方法も有効です。

『オートレシリーズ』は、これらのプログラムをクリックだけで簡単にインストールできるようになっています。テクニカル分析ができない段階では、こういった仕組みを利用するのもいいでしょう。

投資助言業者のシグナルをトリガーにするミラートレード

3つ目の、契約した投資助言業者からのシグナルをトリガーにして、株・FX・日経225先物の自動売買を行うタイプのミラートレードは、完全自動に近い、最も進んだオートトレードと言ってもいいかもしれません。第1章でも説明しましたが、弊社が展開している『シグナルdeオーダー』というサービスについて、もう一度簡単におさらいしましょう。

このサービスに登録しておくと、プロの投資アドバイザーの相場分析情報に基づいた売買サインがトリガーとして『シグナルdeオーダー』のシステムに送信され、システムが証券口座に対して自動で発注をかける——という流れです。ルール作りは完全に投資助言業者任せで、ユーザーは「勝てる」業者を選定することが重要課題となります。

私は今後、こうしたミラートトレードがオートトレード普及の入り口としてユーザーに人気になるのではないかと考えています。実際、弊社でも『シグナルdeオーダー』のサービスを開始したところ、『オートレシリーズ』よりもお客様の増え方が段違いに早かったのを覚えています。

オートトレードの存在を知ったけれど、まだテクニカル分析はできない。とはいえ、機会を損失したくないので、テクニカル分析を勉強してスキルを上げる間はミラートレードに頼る、というのは賢いやり方と言えます。そして、最終的には、「投資ルールを自分で考えて、売買発注をプログラムで行う」タイプと「投資ルールを自分で考えず、売買発注をプログラムで行う」タイプの２つを併用するのがオートトレードの一般的な在り方になるでしょう。

オートトレードで本当に利益を出せるのか

ルールの設定と検証はあくまで手動

ある程度の知識を備えて、しっかりとしたルールを確立できれば、最小限の労力で利益を上げられるのがオートトレードのメリットです。本書は、労力を削減しながら「お金に働いてもらう」ことを趣旨としていますが、実際にどれくらい利益が出るのかは気になるところでしょう。あくまで成功例のひとつですが、ある程度元手があるお客様では、ミラートレードを使って半年で約1000万円の利益を上げた人もいます。

また、『オートレシリーズ』の派生商品で、下がったら買い増して、上がったら売るという「ナンピン手法」だけをルール化した『トレトレ225／FX』では、70人のモニターで試したところ、アベノミクス相場前は95％の人が利益を出していました。もちろん、いい話ばかりではありません。アベノミクス相場が始まってからは、『トレトレ225／FX』で負ける人が急増しました。

なぜこのような事態が起きたかと言うと、アベノミクス相場前は値動きが乏しく、下がっては上がり、上がっては下がる波のような、まさにナンピン手法にぴったりの状況だったから。これに対し、アベノミクス相場が始まってからは、相場は右肩上がりで上昇し、ナンピン手法のルールが通用しにくくなったからです。ただし、このような状況下でも100％負けるというわけではなく、市場のトレンドを見ながらルールを微調整しておけば、勝ち続けることも可能だったでしょう。

以上の事例からもわかるように、オートトレードは、手放し状態のまま自動で儲けを出し続けてくれる魔法のツールではありません。利益を積み上げるには、投資の前にしっかりとテクニカル分析を勉強することが大切ですし、また、投資を始めたあとも相場を振り返りながら、現在の相場に自分のルールが適応しているかどうかの確認が必要です。自分のルールと相場の動きに乖離を感じた場合は、そこでルールを微調整しなくてはなりません。

これはミラートレードでも同様で、利益を上げることができるプログラムや投資助言業者を見極める眼力が必要です。通常の投資と同じで、ある程度の投資スキルや勉強によって養われることは覚えておいてください。オートトレードといえど、ルールの設定や効果の検証については、手動で行う必要があるのです。

オートトレードのケーススタディ

どんな人たちがオートトレードを利用しているのか

ここまで書いてきた内容を整理すると、オートトレードに向いている人物像が見えてきます。端的に言えば、元手が少なく配当益などでは十分な利益を得られない人です。また、投資以外に仕事を持っていて2本目の収入の柱にしたいと考えている人にもフィットするでしょう。

といっても、これだけでは実際にどんな人がどんなふうにオートトレードを使って投資をしているのか、イメージが湧きにくいかもしれません。そこで、『オートトレシリーズ』を利用したり、弊社に問い合わせをしたりされてきた人たちの属性を基に、投資家像を作ってみました。まったくの空想ではなく、実在の人物のプロフィルを組み合わせたものなので、それなりにリアリティはあるはずです。ここからは、ケーススタディとして彼らの日常を追いかけながら、ルポルタージュ調で語ってみたいと思います。

以下に紹介するケースは、実際の事例を脚色・改変したフィクションであり、登場人物の氏名やプロフィルは架空のものです。

ケース1
尾崎雄二
33歳・男性

Profile

職業……………会社員
家族構成……独身（一人暮らし）
投資歴…………なし
資金……………２００万円

尾崎雄二は、人生において好景気を経験したことがない。子供の頃はバブル崩壊から始まる「失われた10年」を過ごした。大学生時代は２００２年から始まる「いざなみ景気」まっただなかだったが、ＧＤＰ（国内総生産）成長率は低く、好景気を実感したことはなかった。新入社員時代にはリーマンショックを経験。アベノミクスで景気が回復したと言われている現在も、会社の業績は悪くはないが良くもないといった状況で、将来においては悲観的だ。特に、年金などの社会保障はあてにしておらず、何らかの「保険」が必要だと考えている。

投資を始めるにしても、まずはある程度の資金が必要だと考え、新入社員時代から浪費は避け、コツコツと預金に励んできた。その結果、たまったお金は1200万円。1000万円は住宅購入の頭金と将来の結婚資金として残しておき、資金200万円で投資を始めることにした。最初は投資信託も考えたが、200万円という元手では分配金もたかが知れている。

そこで目をつけたのが、25倍のレバレッジをかけられるFXだ。まだ独身の尾崎は、多少のリスクを取る覚悟はあるものの、会社員としてフルタイムで働いている以上、常にチャートをチェックするような取引はできない。FX市場はほぼ24時間取引が可能だが、仕事が終わってから深夜に取引するのでは翌日に差し障る。悩んだ末にたどり着いたのがオートトレードだった。

FXのオートトレードを始めようと決めた尾崎は、オートトレードツールを提供する会社に相談してみることに。すると、勧められたのは株の手動での取引だった。理由は、尾崎に投資の経験がまったくなかったから。投資の基本を知るには、株が最も適している。まずは最低限の知識を得るために、少ない資金で構わないので、実際に証券会社に口座を開設して株取引を行うことを提案された。

そこで尾崎は、10万円以下で取引ができる低位株で初めての株取引を開始。結果は、3カ月で数百円の利益が出た程度。しかし、金銭よりも有益な収穫があった。それは「株を持っていると常に値動きが気になる、また、元手が少ないと利益も少ない。そもそも、どの株を購入するかを選ぶのが大変」ということが身に染みてわかったことだ。この経験があったからこそ、手間を省いてくれるオートトレードのありがたみを理解することができた。

投資の面倒さを肌で知ったあとは、いよいよFXのオートトレードを実践することに。とにかく手間を減らせるようにと、ミラートレードを選んだ。もうひとつの理由は、機会損失をなくすため、とにかく早く投資を始めたかったからだ。それに、FXの勉強をしてから始めたのでは、それだけ投資で利益を得る機会を失ってしまうと考えた。

尾崎は今、ルール公開型のミラートレードを利用して手堅く利益を積み重ねている。その一方で、テクニカル分析の勉強も始めた。ミラートレードでいくつかのルールを覚えたら、次は自分のルールで挑戦をしてみるつもりだ。とはいえ、短期間で大きく稼ぐことは考えていない。勤め先をリタイアする年齢になったときに、それまで培ったルールでオートトレードが老後資金を稼いでくれる——そんな将来を見据えて、ゆっくりと投資生活を送っている。

ケース２

北川　進

42歳・男性

Profile

職業……………会社員
家族構成……妻、子供（小学生）１人
投資歴…………15年（株）
資金……………１００万円

北川進が株の取引を始めたのは、日本にネット証券会社が誕生し始めた15年ほど前のこと。当初は順調だったが、リーマンショックや東日本大震災で、保有株は暴落して塩漬け状態。また、年次を重ねるごとに仕事が忙しくなり、投資からは自然と離れていった。この15年の間に家庭を持ち、家も購入。子供も中学受験を控えて、何かとお金がかかるようになった。そんななか、ここ数年の間にアベノミクスの影響で保有株の株価が上がり、含み益が出始めたという。株の売却益である１００万円を使って、新たに資産を形成したいと考えている。

北川の最大の懸念は、仕事が忙しくて取引や銘柄選びをする時間が取れないこと。

Case 2

ネット証券のトレードツールを使っていたときは、保有銘柄の値動きが気になり仕事が手につかず、外回りの途中に喫茶店でトレードをしていて取引先への訪問に遅刻したという痛い失敗談もある。「自分で手を動かさずに取引ができるツールはないか」と調べているときに見つけたのが、オートトレードだった。

投資対象は、日経225先物に決めた。株は不祥事や決算などの個別材料により株価が大きく変動するし、塩漬け株を作ってしまった痛い経験から、個別株の売買は避けたかった。また、FXの取引経験はなく、知らないことに手を出して失敗するリスクも取りたくなかった。残ったのが、日経平均に連動して値動きする日経225先物である。日経225先物はレバレッジを利かせられるので、100万円という少ない資金でも、効率的に投資ができるという思惑もあった。

北川が採用したルールは、ナンピン両建て戦略。最初に日経225先物で売りと買いを両方のポジションで持ち、目標の価格になったほうを利益確定する。買いで利益確定したらまたすぐに買いのポジションを、売りで利益確定したらまたすぐに売りのポジションを持つ。もし、売りで入って購入時より価格が上がったらさらに売りでポジションを追加、買いで入って購入時より価格が下がったら、さらに買いでポジションを追加（いわゆるナンピン）。売り買い、どちらかの価格が戻ってきて目標の価格に達したら利益確定する——の繰り返しだ。

この基本ルールに加え、社会を揺るがすような大きな出来事によって日経平均が大きく下落するリスクに備えて、損切りのルールも設定。最悪の事態でも損失を最小限に抑えられるように手を打っている。

北川は、右肩上がりだったアベノミクス相場が落ち着いて、株価が上下する波相場になったときにナンピン両建て戦略を行い、利益を重ねた。仕事柄、経済ニュースは欠かさずチェックしているので、経済の動きには敏感だ。米国大統領選挙の前には、ヒラリーとトランプのどちらが当選しても波相場は終わり、右肩上がりか右肩下がりになると考えて、開票前にポジションを閉じるルールを入力しておいた。北川の予想は的中し、トランプ相場が始まる。もし、ナンピン戦略を続けていたら、大きな損失を被っていただろう。北川は、トランプ相場が一段落ついて、また波相場になったら、同じ戦略でオートトレードを復活させるつもりだ。

ケース3

吉田かおり

35歳・女性

Profile

職業……会社員
家族構成……独身（親と同居）
投資歴……４年（ＦＸ）
資金……３００万円

吉田かおりは、結婚を諦めたわけではない。しかし、30歳を過ぎたときに、一人で生きていく可能性があることも自覚した。そこで始めたのがＦＸ投資だ。仕事以外に、第二の収入の柱が欲しかったからだ。うまくいけばマンションの頭金にしたいと考えながら、コツコツとトレード。夜中や仕事中にも取引を行い、３００万円の利益を上げた。

その原動力となったのが「投資女子会」だ。仲間と一緒にトレード手法の勉強を重ねていった。テクニカル分析で自分なりのルールも確立して、今ではもっぱらそのルールで稼いでいる。しかし、システムトレードがうまくいくほどに、「ルール通り機械的にトレードしているだけなのに、常にモニターをチェックするのは面倒」という思いが強くなり、取引にオートトレードを導入することにした。

チャートをチェックするのは1日1回。その日のトレード内容を見直して、ルールを微調整する。大きなイベントの前にはポジションを閉じるルールも併用して、大損をしないリスクヘッジも行っている。また、相場の流れが変わったと感じたら、ルール自体を大きく見直すことも忘れない。

結果から言えば、オートトレードの導入後に利益が大きく増えたわけではない。また、すべての作業を自動化できたわけでもない。しかし、夜中に睡眠時間を削ってトレードしていた頃に比べると、自分の手を動かす機会は格段に減り、時間に余裕が生まれた。空いた時間をどう使うのか。ゆくゆくは、お金儲けはオートトレードに任せて、起業することを考えているという。夢は北欧雑貨を扱うお店を開くことだ。利益を求めるのではなく、「ありがとう」と言われる仕事をして、自分の人生を充実させる。そのために今は準備中である。

ケース4

藤原 保

58歳・男性

Profile

職業……………個人事業主
家族構成………妻、子供（社会人）2人
投資歴…………15年（株）
資金……………1000万円

藤原保は、自動車レースを中心に撮影する売れっ子のフリーカメラマン。いわゆる個人事業主だ。60近い年齢でも仕事は途切れなく舞い込んでくるが、最近は重い機材を持ってサーキットを歩くのが体にこたえるようになってきた。60歳を過ぎて今のような働き方を続けるのは難しいと思っている。子供もすでに独立していることもあり、徐々にサーキットでの仕事を減らして、ゆくゆくはカメラマンを引退。その後は投資で収入を得たいと考えている。

投資歴は15年ほど。40代前半から小さな利益をコツコツと積み重ね、また、月々の預金も続けてきたことから、投資に使える資金は1000万円の大台を突破。主な投資は株で、配当の他に多少の売買益も手にしている。しかし、負けることもあるため年間の利回りに直すと1％程度。もう少し効率のいい投資がないかと考えているときに、オートトレードを知った。

1000万円は大金だが、配当益やたまに売買を行う程度では、資産を増やすことはなかなか難しい。そこで、オートトレードで売買回数を増やして売買益を増やす作戦を取った。オートトレードで取引する金融商品は、引き続き株も考えたが、よりレバレッジを利かせたいこともあり、日経225先物を選択。投資方法はミラートレードで、ルール公開型のプログラムを購入した。

ルール公開型のプログラムにした理由は、プログラムの中身と実際のトレードを比較しながら勉強して、いずれは自分のルールを作りたいと考えたため。一般のサラリーマンが定年退職する65歳くらいをめどにカメラマンを引退するつもりだが、そのときまでにしっかりとオートトレードのルール作りを学び、そこからは投資だけで収入を得ていく予定だ。

ケース5

古川次郎

72歳・男性

Profile

職業……………無職
家族構成……妻、子供（社会人）3人
投資歴…………30年（株）
資金……………2000万円

古川次郎は、会社を定年退職まで勤め上げて現在は無職。3人の子供はすでに全員が独立しており、孫もいる。1980年代終盤のNTT上場時の株ブームをきっかけに株投資を始め、投資歴はすでに30年に及ぶ。退職金と投資で積み立てた預金を合わせるとそこそこの資産はある。そのなかから2000万円を投資に充て、年金プラスアルファの副収入として孫に与える小遣いを稼いでいる。

テクニカル分析は得意で、チャート・テクニカル・株価を分析するソフトを使用。20程度の銘柄・取引金額を推奨してくれるのだが、年齢のせいもあり、その情報を証券会社のトレードツールに入力するときに手間取るようになった。入力には1銘柄3～5分ほどかかるので、20銘柄打ち込むには1時間以上かかる計算だ。また、日々、チャートを確認しながらトレードする集中力や情報の分析にも負担を感じるようになってきた。オートトレードに目をつけたのは、少しでもラクに取引を行いたいという理由からだった。

古川の投資スタンスは株のスイングトレード。数日～数週間単位で持ち続けて、株価が上がった時点で売る。基本は現物のみでレバレッジをかけないので、もし株価が下がったら長期保有に切り替えて配当益を得る。オートトレードでは、テクニカル分析に基づいてはじき出した売りと買いのタイミングを入力している。あとは、市場が閉じたあとに、その日のトレード内容を確認する。手間が減って浮いた時間で、孫と遊ぶ機会も増えた。

古川がオートトレードの有効性を最も感じているのは、損切りルールの入力だ。以前は、現物株だけに株価が下がっても長期保有をすればいいと考えていたが、それは性格的に損切りができないことの裏返しでもあった。つい、「下落は一時的で、すぐに盛り返すのでは」と考えてしまうのだ。投資家なら誰しも経験があることだが、これは売買益を得る機会を損失していることに他ならない。手動による取引では、自分に都合よく考えてしまうというバイアスがかかって、なかなか損切りに踏み切れなかった。しかし、プログラムならばルールに従って確実に実行される。古川がオートトレードを導入して6カ月たつが、結果として、塩漬け株はなくなり利益率もアップした。

第5章

オートトレードの未来

フィンテックとオートトレード

すべての経済活動に影響するフィンテック

読者の皆さんは、「フィンテック（FｉｎＴｅｃｈ）」という言葉をご存じでしょうか。最近はテレビのニュース番組や新聞、経済誌などで特集されることも多いので、耳にしたことがある人も多いかもしれません。フィンテックとは「Finance」（ファイナンス）と「Technology」（テクノロジー）という単語を掛け合わせた造語で、「ＩＴを用いた新しい金融サービス」のことです。

２０１７年5月に経済産業省が取りまとめたレポート「ＦｉｎＴｅｃｈビジョン」には、「ＩｏＴ（Internet of Things）、ビッグ・データ、人工知能（ＡＩ）といった技術を使って革新的な金融サービスを提供する動き」と記されています。

このように書くと「自分には関係ない」と思ってしまうかもしれませんが、そんなことはありません。むしろ、経済活動をしているほぼすべての人に関係があります。電子マネーやクレジットカード、ビットコインといった仮想通貨などのキャッシュレス決済もフィンテックによって実現したサービスの一種です。最近では、電子マネーは現金に代わる支払い手段としてかなり定着した感があります。これらのサービスを使っている人は、すでにフィンテックの恩恵にあずかっているわけです。

電子マネーや仮想通貨は、お金の在り方自体を変えるものですが、それ以外にも、フィンテックはお金の流れを変える力や、金融の担い手の裾野を広げる力も持っています。最近では、政府・金融庁もフィンテックに対して前向きに取り組んでおり、規制が緩やかになるとともに、メガバンクが自社サービスのＡＰＩを開放するなど、「金融をより便利に」という信念のもとに後押しをする空気が感じられます。

フィンテックで何が変わるのか

フィンテックの発展によって、より進化すると考えられているお金の流れや金融系のサービスをいくつか挙げてみましょう。送金や決済、支払いを便利にしてくれそうなのが「モバイル決済」や「仮想通貨」です。家計管理には、レシートを撮影するだけで家計簿をつけられる「電子家計簿」が役立つでしょう。投資には、ライフスタイルや性格に関する質問に答えるとＡＩが最適な資産運用をアドバイスしてくれる「ロボアドバイザー」が活躍しそうです。

企業、特にスタートアップでは、場所を選ばずに会計処理ができる「クラウド会計」、ネットでの取引履歴を基に融資の信頼度を測る「トランザクションレンディング」、ネットを通じて不特定多数から資金を調達する「クラウドファンディング」などを活用できるでしょう。

このほか、クルマに取りつけられたセンサーや運転者のスマートフォンから得られた情報を基に保険料を算出する「テレマティクス保険」は、保険の考え方を大きく変えるかもしれません。そして、「ブロックチェーン」という技術による分散型の台帳管理システムが確立すれば、20億人とも言われる銀行口座を持たない世界の成人に、金融サービスにアクセスする機会を与えることができます。

オートトレードとロボアドバイザーは融合する!?

前項は、一般に言及されることが多いフィンテックのカテゴリーとその利点ですが、私は、オートトレードもフィンテックを担う一翼だと考えています。ただし、日本では投資系テクノロジーは後回しにされがちな傾向があります。先日、私はとある企業が主催した、フィンテックをテーマにしたイベントに登壇させていただきましたが、そこでは、オートトレードはロボアドバイザーにカテゴライズされていました。

オートトレードを前出のカテゴリーのなかに無理やり組み入れるとしたら、ロボアドバイザーになってしまうのかもしれませんが、個人的には、オートトレードとロボアドバイザーは性格が異なるものだと考えています。繰り返し述べてきた通り、オートトレードは取引を自動化する仕組みを指します。これに対し、ロボアドバイザーの主眼は、文字通りアドバイスにあります。ミラートレードの説明で紹介した投資助言業者に近い立ち位置と言えるかもしれません。

ロボアドバイザーのなかには、ポートフォリオの提案だけでなく、実際の運用まで行ってくれるタイプもあり、「資産運用の自動化」という意味では、ロボアドバイザーとオートトレードを同じ範疇《はんちゅう》に入れることはできるでしょう。今のところ、国内サービスのロボアドバイザーの対象は投資信託を対象としたものがほとんどで、個別株やFXなどに対応したものはごくわずか。しかし、将来的にはオートトレードとロボアドバイザーは融合していくと私は考えています。

2020年のオートトレードはどうなっている？

「スマートフォンでオートトレード」が主流に

せっかくなので、少し未来のオートトレードがどうなっているか、考えてみることにしましょう。第1章でも述べたように、オートトレードはシステムトレードの一種で、一定のルールを定めて自動で投資商品の売買を行う仕組みです。システムトレード自体は、200年以上前、江戸時代の大坂・堂島で行われていた米相場までさかのぼるわけですから、システムトレードの枠組み自体があと何年かのうちに大きく変化する可能性は小さいでしょう。一方で、取引を行うためのツールの部分は、テクノロジーの進歩により大きく変わる可能性があります。では、具体的に何が進化するのでしょうか。

ひとつは、オートトレードを実行するハードウェアです。現在はパソコンが主流ですが、東京で国際的なスポーツイベントが開催される2020年には、スマートフォンでもできるようになっているかもしれません。

現在、証券会社が提供している各種のトレードツールは、ほとんどがスマートフォンに対応しています。最近は、スマートフォンでの取引に特化した、3タップで株取引が完了するネット証券も登場しているようです。確かに、これまで主流だったパソコンに比べると1画面の情報量は少ないとはいえ、いつでもどこでも使えるスマートフォンの利便性は圧倒的です。オートトレードの本質は、売買にかかる手間を削減すること。そういった意味では、今後はスマートフォンでオートトレードという形にシフトしていくのは必然と言えるでしょう。

もうひとつの可能性は、UI（操作体系）、つまりユーザーインターフェースの変化です。これもスマートフォン対応の流れに連動するものですが、従来のオートトレードはパソコンでの利用がメインだったため、マウスでカーソルを動かし、クリックで選択し、キーボードで文字を入力して……といったUIが主流でした。しかし、ご存じの通り、これからは「音声」による操作がＵＩのカギを握っています。

少し驚く数字を紹介しましょう。グーグルが開発者向けに行っているカンファレンス「Google I/O 2016」において、すでにＧｏｏｇｌｅ検索の約2割が音声によって行われているというデータが示されました。音声入力に力を入れている同社は、音声検索機能「OK Google」の進化版である音声アシスタント機能「Ｇｏｏｇｌｅアシスタント」の日本語版の提供を２０１７年5月に開始。これによって、Ａｎｄｒｏｉｄ搭載スマートフォンでもｉＰｈｏｎｅの音声アシスタント機能「Ｓｉｒｉ」のように、音声での音楽再生やネット検索、アプリ操作などが可能となりました。

音声アシスタントと連動するようになる

スマートフォンだけではなく、最近はスマートスピーカーが話題です。スマートスピーカーとは、音声アシスタント機能を搭載したスピーカーのこと。話しかけることで家電を操作したり、ニュースや気象情報などを入手したり、ネット通販で買い物をしたりできます。最もシェアが高いのが、音声を認識する人工知能「Ａｌｅｘａ」を搭載した「Amazon Echo」。米国ではすでに大ヒットを飛ばしており、日本でも２０１７年内に販売が開始される予定です。同じような機能を持ったグーグルの「Google Home」も日本発売が決まっていますし、アップルも「Ｓｉｒｉ」を利用したスマートスピーカー「ＨｏｍｅＰｏｄ」を発表しました。

パソコンやスマートフォン、アプリやインターネットサービスのＵＩとして、今後音声入力が積極的に取り入れられることは確実と言えるでしょう。もちろん、オートトレードも例外ではありません。そうなれば、「○○株、ゴールデンクロスを達成したら１０００株買い、買値から２％上がったら売り」とスマートスピーカーに話しかけるだけで、注文が完了する未来も考えられます。

さらに、ＡＩが取引のパターンを学習するようになれば、サジェスト機能がより有効に働くようになるでしょう。ユーザーの投資傾向と投資ルールを把握したうえで、「ドル円の一目均衡表が雲の下限に達しました。円を買い増しますか？」などと提案してくれるかもしれません。

これらは決して夢物語ではありません。ＩＴの発達速度を考えても、ほんの数年後の未来、例えば東京で国際的なスポーツイベントが開催される２０２０年には実現していてもおかしくないものです。

Column

アノマリー

「アノマリー」という言葉をご存じでしょうか。スペルは「Anomaly」、「例外、変則、異例」といった意味の英単語です。投資では、「理論的な根拠はないが、よく当たる経験則」といった文脈で使われます。有名なところでは「Sell in May（5月に売れ）」。一説には「米国では5月に決算を迎えるヘッジファンドが保有株を売るから、株が下落しやすい」という根拠で生まれたとか。ちなみに、日本にも「鯉のぼりの季節が過ぎたら株は売り」という投資格言があります。ほかにも「二日新甫《しんぽ》は荒れる（2日から取引が始まる月は相場が荒れる）」とか「節分天井、彼岸底（2月3日の節分の頃に高値をつけ、3月20日頃の彼岸の時期に底値になる）」なども有名なアノマリーです。

ユニークなところでは、「ジブリアニメが放送されると次の日の相場が荒れる」『サザエさん』の視聴率と株価は反比例」といったものも。ジブリアニメが放送されるのは主に金曜日。米国の雇用統計と重なることが多く、結果的に市場が荒れると言われています。

また、『サザエさん』の視聴率が高いということは、日曜日の夜の在宅率が高いということ。つまり消費が活発ではないので、株価も振るわないという理論のようです。

実は、『サザエさん』と株価の関係が有名になったのは、2006年に発売された新書『サザエさんと株価の関係』（吉野貴晶著　新潮社）から。著者の吉野氏は当時、大和証券チーフクオンツアナリストで、行動ファイナンスの観点からさまざまなアノマリーを取り上げています。同書では、「イヌの人気が高まると株価も上がる」「観覧車が増えると地域経済は活性化する」「不景気に強いのは音楽よりも映画」など、興味深い項目が記されています。

冒頭で、「アノマリーは理論的な根拠はないが、よく当たる経験則」と記しました。しかし、みんながアノマリーを信じて行動すれば、株価はその方向に動きます。信じすぎてもいけませんが、頭の片隅に置いておくのはいいかもしれませんね。

さらに未来のオートトレードの姿

AIによって投資ルール作りが進化する

では、もっと先の未来には、オートトレードはどうなっているのでしょうか。カギを握っているのは、AIの進化です。現在のオートトレードは、テクニカル分析を基にしてルールを作っています。しかし当然ながら、相場は必ずしもテクニカル指標に沿って動くわけではありません。象徴的な例が「ブラックスワン（黒い白鳥）」です。77ページのコラムでも説明した通り、金融業界では、ブラックスワンとは、事前に予想することが難しく、通常は起こらないと考えられているけれども、実際に起きてしまったら非常に大きな衝撃を与える出来事を指します。リーマンショックやギリシャショックなどがわかりやすい事例です。

ブラックスワンほどの大きな事象でなくとも、相場はさまざまな要因によって不確実な動きをします。特に株はその傾向が強く、ちょっとした事象をきっかけにポジティブにもネガティブにも価格が変動します。

これまでのオートトレードでは、それらの要因をルールとして加味することが難しく、万が一の価格変動によって大きな損失を出さないように、損切りのルールを入力するか、イベント前にポジションを整理するルールを入力するくらいしかできませんでした。

しかし、ＡＩがビッグデータの分析結果をルール作成に使えるようになったらどうでしょうか。例えば、すでにある経済・金融情報サイトは、世の中にある大量のニュースのなかから、ユーザーが保有している株や注目している株価の変動に影響する情報のみを独自のアルゴリズムで抽出して伝えたり、ユーザーが購入した時点の価格に対して、現在の状況を「赤・青・黄」の信号でアラート表示したりするツールを提供しています。弊社の『オートレ株式』では、このツールと連携して、オートトレードの売買ルール設定に役立てられないかを検討しているところです。

これがさらに進化すれば、Ｔｗｉｔｔｅｒ上のつぶやきや大手メディアが運用する株掲示版の投稿にあるキーワード、またニュースや天気、イベントなどをＡＩが分析して、オートトレードのルールを作ることもできるでしょう。

例えば現在、大手コンビニエンスストアでは、気温や周辺で行われるイベントなどに連動してピンポイントに商品発注を行うシステムがあります。その手法をさらに高度にしてオートトレードに持ち込むと考えるとわかりやすいかもしれません。少しオーバーですが、これからは世の中のあらゆる物事が、オートトレードのルールになり得るのです。そして、その膨大な情報を集めて分析するのはＡＩです。

バックテストの限界をＡＩが突破する

ＡＩの進化によって、「バックテスト」にも大きな変化が生まれるでしょう。バックテストとは、テクニカル分析に基づいて作成したルールの有効性を測るためのシミュレーションのことです。過去のデータに基づいて計算することからこう呼ばれます。

バックテストを実行すれば、「もし過去の〇カ月間にこのルールで運用したらどれくらいの利益を出すことができたか」を割り出せるわけです。現実の値動きに基づいたシミュレーションなので、一定のリアリティがあります。

ただし、バックテストでいい結果が出たからと言って、実際の運用でもうまくいくとは限りません。なぜなら、ブラックスワンのような不確定要素が入ることで、バックテストの精度は下がるからです。例えば、リーマンショック直後からの1年間とリーマンショック半年前からの1年間の、2つの期間でバックテストを実施する場合を考えてみます。同じ投資ルールでバックテストを行うと、株価が底を打ったときに投資を始める前者のほうが運用成績はよくなります。しかし、それはリーマンショックという不確定要素によるところが大きいためです。そのルールでこれからの1年間運用した場合、その成績がどちらのバックテストに近くなるかは、その1年間がどちらの状況に近いかによります。また、その1年間にブラックスワンのような出来事が起これば状況はさらに変わります。それは起こるかもしれないし、起こらないかもしれない。なんとも言えないのです。これがバックテストの限界です。

しかし、ＡＩを躍進させた技術のひとつである「ディープラーニング」を活用すれば、より精度が高いバックテストが実現するかもしれません。ディープラーニングとは「深層学習」と訳されます。その特徴を簡単に説明すれば、ある事象の性質をＡＩに見極めさせたい場合に、人間がその見極め方をひとつひとつ入力するのではなく、コンピューターが膨大なデータを処理して自ら学習し、その事象に共通する特徴を抽出するというものです。

従来のＡＩは、動物の画像を分析してそれがイヌであるかネコであるかを判別する場合、あらかじめ人間がイヌとネコの違いを入力しておき、ＡＩがその情報に基づいて画像を仕分けるというやり方しかできませんでした。一方、ディープラーニングではＡＩ自身が膨大な画像からイヌの特徴とネコの特徴を分析し、判別します。いわば判断基準そのものをＡＩが学習によって身につけていくわけです。この場合、読み込む画像の点数が多ければ多いほど、分析の精度は増していきます。

この仕組みを相場の分析に応用するとどうなるでしょうか。膨大な数の値動きのチャートをＡＩが画像として認識し、その特徴を分析します。すると、ある期間にチャートが一定の形を取った場合、そのあとにどんな値動きが起こるか（チャートがどのように変化するか）が予測可能になります。単純な過去のひとつの実例ではなく、膨大な事例データから導き出した予測なので、現在のバックテストとは比較にならないほどの高い精度が期待できるのです。

これは笑い話なのですが、AIが進化して、さまざまなビッグデータからオートトレードのルールを作り、利益を最大化しようとすると、最終的には人間を介さずに、AI対AIの戦いになる可能性もあります。より賢いAIでルールを作ったほうが勝つというわけです。場合によっては、投資をしないほうが利益を最大化できるといった判断をするAIが生まれるかもしれません。

買い物もオートトレードの対象に？

以上をまとめると、これからのオートトレードは、まず取引に使えるハードウェアとしてスマートフォンが台頭し、入力方法に音声が用いられるようになります。そして、AIによってオートトレードを行うためのルール作りが進化します。これらは、既存のオートトレードの延長上にあるものです。これらとは別の方向で、もうひとつ大きな変化が起こるでしょう。それが、取引対象の多様化です。

現在、日本では株・FX・日経225先物の3つがオートトレードで売買されています。特に『オートレシリーズ』では、日経225先物がそのほとんどを占めるという話をしました。今後、大手証券会社がAPIを開放し、また、「貯蓄から資産形成へ」の流れが進めば、株のオートトレードが拡大していくでしょう。FXも然りです。その先には、「ビットコイン」などの仮想通貨の取引も考えられます。

未来のオートトレードが扱うのは、投資商品だけにとどまりません。未来には、日常の買い物にまで広がっていくと考えています。皆さんは、「Amazon Dash Button」をご存じでしょうか。これは、ボタンを押すだけで、お気に入りの商品を購入できる単機能のハードウェアです。このボタンには特定の商品が割り当てられており、ワンプッシュで自宅のWi-Fiを経由して商品を注文できます。例えば、洗濯機にいつも使っている洗剤を購入できるボタンを貼りつけておき、洗剤がなくなりそうなタイミングでワンプッシュ。早ければ当日中に洗剤が届くという仕組みです。また、前述したスマートスピーカー「Amazon Echo」は、「○○を買って」と話しかければ、Amazonでその商品を注文することができます。さて、このこととオートトレードが、いったいどのように関係するのでしょうか。そのヒントは、第2章で説明した「スクリーンスクレイピング」にあります。

『オートトレシリーズ』は、ユーザーが口座を開設している証券会社の売買サイトにアクセスして、そこで株の購入や売却を行っています。これを可能にするのが、サイトのソースコードを読み込み、入力したルールに基づいて高速に取引を実行する「スクリーンスクレイピング」です。この仕組みを利用すれば、ネットショップをまたいで商品検索を行い、自分が求める最適なショッピングサイトや商品を見つけることが可能になります。『オートトレシリーズ』が「始値が前日終値から2％下がっている株」を探し出すのと同じ要領です。

もちろん、楽天市場、Yahoo!ショッピング、ヨドバシカメラなど、複数のネットショップを横断して条件に合った商品を検索することも技術的には可能です。価格比較サイトがやっていることを自前で、しかもより詳細にできるわけです。オークションサイトのレア商品のウォッチやタイムセールでいち早く購入するプログラムもできるでしょう。弊社の社名は「オートマチックトレード株式会社」。自動で売買できるものなら、なんにでも挑戦していこうと考えています。

オートトレードが当たり前の時代へ

投資人口が爆発的に増える可能性

期待を込めつつポジティブな未来を描いてきましたが、ここで少し冷静な視点で将来を考えてみることにします。日本の現状に目を向けると、第3章でも触れたように、日本人は投資に対してあまり積極的ではありません。日本証券業協会が発表した「平成27（2015）年度 証券投資に関する全国調査」によると、金融商品別保有率は株が13％、投資信託が9％でした。アベノミクスが始まる前の2009年度の調査を見ると、株の保有率は12・5％、投資信託の保有率は7・9％。株に関してはたったの0・5％しか増えていないのです。正直、私はこの低い伸び率には落胆しました。

ただし、明るい材料もあります。2012年度の調査では、株を「今後1年以内に購入したい」「時期は未定だが購入してみたい」と考えている人が7・5%だったのに対して、2015年度は12・7%に増加しています。また、興味を持っている金融商品では、株式が16・6%となっているのです。

ある商品やサービスが爆発的に広がるために必要な市場普及率のことを、マーケティング用語で「クリティカルマス」と呼びます。一般的にはクリティカルマスは市場の約16%だと言われているので、これは期待できる数字です。今、興味を持っている層が株式投資を始めれば、日本の投資環境は大きく進化することでしょう。

若い世代にこそオートトレードという武器を駆使してほしい

最後に、私が望む10年後の投資環境の話をして、本書を締めくくりたいと思います。それは、普通の会社員が、居酒屋で投資話をさかなに盛り上がり、どういったオートトレードのルールが効率的かを話しているような世界です。

今の20~40代は、社会保障だけに頼っていては将来の安心は得られず、何らかの自助努力が必要だとわかっている世代です。彼らが投資を始めたら、クリティカルマスを突破して普及に弾みがつくのは間違いありません。また、この世代は若い頃からITとの親和性が高いのも特徴。40代は新入社員時代にWindows95を使っており、20代なら学生時代からスマートフォンを使いこなしています。そんな世代なら、オートトレードのような自動化を違和感なく取り入れることができるはずです。

日本の金融資産の約半数は60代以上が保有しています。しかし、オートトレードを使えば、資産が少ない現役世代でも投資で利益を上げられます。むしろ、忙しい現役世代だからこそ、オートトレードが自動で投資をしてくれることに意義があります。その意味で、オートトレードはこれからの社会を担う現役世代にこそ使ってほしい武器なのです。もし、オートトレードが日本の投資環境を進化させることに少しでも貢献できれば、開発者冥利《みょうり》に尽きるというものです。

おわりに

本書を最後までお読みいただき、ありがとうございました。

投資の自動化に興味があった人、オートトレードがどんなものか詳しく知りたいと思っていた人にとって、本書が理解の一助になれば幸いです。

私のこれまでの経験上、投資が自動化するという話をすると、多くの人が、何もしなくても機械が勝手に投資をして稼いでくれるようなものをイメージされるようです。しかしながら、少なくとも２０１７年の段階ではそんなにうまい話はなく、オートトレードはあくまで投資の手続きにかかる手間を省くためのツールであるというのは、本編で述べた通りです。

個人的な予想を言えば、この技術がさらに発展すると、本当に人の手を介さないほうが運用成績がよくなるときが来るのではないかと思います。ただし、それが実現するまでには、挑戦しては失敗する試行錯誤を繰り返す必要があるでしょう。現在のオートトレードによる投資がその途上にあるのだとすれば、そこに、読者の皆さんにもぜひ参加してほしいと思っています。多少の失敗はあるかもしれませんが、やりがいのある作業だと思います。

無責任なことを言うなとお叱りを受けるかもしれませんが、失敗は必ずしも悪ではありません。何度失敗してもいいのです。最終的にやり遂げることさえできれば。私は常にそう思っています。

では、オートトレードにおける失敗とは何でしょう？　大小いくつかありますが、最重要のものは優秀なルールを見つけられないことくらいではないでしょうか。その意味では、弊社のサービスでは「安全に」試行錯誤を繰り返すことができます。自分が設定したルールのシミュレーション、いわゆるデモ取引ができるのです。自らのお金を減らすことなく優秀なルールを見つける実験ができるので、オートトレードがどんなものかを体験するためにも、ぜひチャレンジしてください。

かつて、投資は孤独な作業でした。一人で情報を収集し、独力で勝つルールを見つけ出し、ひっそりと発注作業を行う。そしてその結果は誰にも言えない。そういうものでした。それはなぜか。周囲に投資をしている人が少ないので話題に出せないという事情もあったでしょう。そもそも「投資は金持ちが余剰資金でやるもの」というイメージが根強いため、職場などで自分が投資をしていることを公言しにくかったというのはよくわかります。また、成果を出している人であれば、自分が苦労して編み出したルールを簡単に他人に話すわけにはいかないという気持ちもあるでしょう。

しかし、今はインターネット社会。投資家が交流するサイトに行けば、日本全国に散らばっているたくさんの投資家が集まっています。そこでは、実にオープンに情報交換がなされています。手間や時間をかけて編み出したルールはともかく、ツールを使って機械的に見つけ出したルールは、むしろ積極的に共有したいという考えの投資家も少なくありません。

弊社のユーザーコミュニティでも、少しずつ情報交換が行われています。これからは一部の突出した人たちだけが発信するのではなく、みんなの知恵が寄り集まってよりよいものができていく、いわば集合知の社会になっていくのではないでしょうか。

最後に、証券システムのＡＰＩをいち早く開発し、弊社に使用許諾していただいたカブドットコム証券に感謝の意を表したいと思います。

カブドットコム証券とは2012年3月に、東証マーケット営業部の方のご紹介で接点を持つことができました。弊社が要望を出す以前から同社ではＡＰＩを公開する考えがあったそうです。それもあって弊社との話もトントン拍子で進み、同年の5月には仕様書をいただくという展開でした。

それから接続プログラムの開発を始め、同年9月にＡＰＩを使ってカブドットコム証券への発注が始まりました。以来、安定した接続環境を提供していただいており、同社の協力には大変感謝しています。フィンテックの流行に先駆け、当時どのネット証券も実現していなかったサードパーティのＡＰＩ利用を推進した同社に称賛を送りたいと思います。

本当の最後に、本書を書くことを提案していただいたカブドットコム証券の齋藤正勝社長に感謝申し上げます。

また、編集にご尽力いただいたダイヤモンド社の花岡則夫編集長をはじめ、スタッフの皆様に御礼申し上げます。

そしてオートトレードの芽もまったくなかった２００６年から、私のわがままに付き合って会社をここまで一緒にやってきてくれた馬渕基寛氏に、何よりの感謝を捧げたいと思います。

２０１７年11月

松村　博史

[著者]

松村博史（まつむら・ひろし）
オートマチックトレードー株式会社 代表取締役
機関投資家が行っている自動注文（オートトレード）が、個人投資家からも求められる時代が来るとの思いから、2006年にオートトレード関連システム専業のシステム開発会社を立ち上げる。以来、個人投資家に自動売買サービスを提供する一方、証券会社のサービスの構築、証券会社とAPIを通じたコラボレーション、証券取引所へのコンサルティングなど、自動売買業界の先駆者として活動している。

株式投資は自動注文《オートトレード》でもっとラクになる！

2017年11月1日　第1刷発行

著者　松村博史
発行　ダイヤモンド社
〒150-8409　東京都渋谷区神宮前6-12-17
http://www.diamond.co.jp/
電話／03・5778・7235（編集）　03・5778・7240（販売）
編集協力　林田孝司
諸富大輔（リライアンス）
装丁　斉藤重之
制作進行　ダイヤモンド・グラフィック社
印刷　八光印刷（本文）・共栄メディア（カバー）
製本　宮本製本所
編集担当　花岡則夫

ISBN 978-4-478-10422-4